FERIDOS EM NOME DE DEUS

MARÍLIA DE CAMARGO CÉSAR

FERIDOS EM NOME DE DEUS

mundocristão
São Paulo

Publicado originalmente por Editora Mundo Cristão

Editora responsável: Silvia Justino
Supervisão editorial: Ester Tarrone
Assistente editorial: Miriam de Assis
Revisão: Josemar de Souza Pinto
Coordenação de produção: Lilian Melo
Colaboração: Pâmela Moura

Os textos das referências bíblicas foram extraídos da versão *Revista e Atualizada* (RA), da Sociedade Bíblica do Brasil, salvo indicação específica.

Dados Internacionais de Catalogação na Publicação (CIP)
(Câmara Brasileira do Livro,SP,Brasil)

César, Marília de Camargo

Feridos em nome de Deus / Marília de Camargo César. — São Paulo: Mundo Cristão, 2009.

ISBN 978-85-7325-582-9

1. Cristianismo 2. Fanatismo religioso 3. Liderança cristã 4. Pastores evangélicos — Comportamento manipulador I. Título.

09-02276 CDD-248.86

Índice para catálogo sistemático:
1. Abuso espiritual: Comportamento manipulador dos pastores evangélicos 248.86
Categoria: Igreja

Publicado no Brasil com todos os direitos reservados por:
Editora Mundo Cristão
Rua Antônio Carlos Tacconi, 69, São Paulo, SP, Brasil, CEP 04810-020
Telefone: (11) 2127-4147
www.mundocristao.com.br

1ª edição: junho de 2009
Impressão em sistema digital sob demanda

Para meus pais, Irene e Milton

Agradecimentos

Aos que me confiaram sua intimidade, sua dor e suas histórias de vida, que espero relatar com fidedignidade.

A todas as fontes consultadas, pela disposição em colaborar com este projeto e por tudo o que me ensinaram.

A Célia de Gouvea Franco, Cláudia Daré e Milton Camargo César, pela cuidadosa leitura dos originais e pelas sugestões valiosas para melhorar o texto.

A Sérgio Pavarini e Eduardo Cupaiolo, pelo encorajamento e pelas sugestões preciosas.

A Hellyângela Caram Águida, Sandra e Marcos Kachy e a todos os amigos que, com suas orações e seu estímulo, geraram este projeto comigo.

A minha irmã, Celene Camargo César Stierli, pelo entusiasmo e pelo forte incentivo que sempre me proporcionou.

A meu marido André, pelo apoio amoroso e pela paciência, e a minhas filhas, Marina e Luiza, cuja curiosidade e interesse me moveram ao longo desta caminhada.

Porque, como diz Philip Roth, a disciplina do escritor não se impõe apenas a ele, mas também àqueles que orbitam em torno dele.

É preciso não esquecer nada

É preciso não esquecer nada:
nem a torneira aberta nem o fogo aceso,
nem o sorriso para os infelizes
nem a oração de cada instante.

É preciso não esquecer de ver a nova borboleta
nem o céu de sempre.

O que é preciso é esquecer o nosso rosto,
o nosso nome, o som da nossa voz, o ritmo do nosso pulso.

O que é preciso esquecer é o dia carregado de atos,
a ideia de recompensa e de glória.

O que é preciso é ser como se já não fôssemos,
vigiados pelos próprios olhos
severos conosco, pois o resto não nos pertence.

Cecília Meireles

Prefácio

Caminhar sobre o solo do tema abuso espiritual exige cuidado e afeto. O solo é sagrado. Não é outro senão o coração de vítimas. As vítimas estão sempre fragilizadas e carregam consigo suas dores na carne e na alma. Jesus ensina a pisar no solo sagrado da intimidade das vítimas: com a cautela amorosa de quem não quer apagar o pavio que fumega nem esmagar a cana trilhada. Implica o sopro singelo para que a chama se recupere desde as cinzas e o carinho necessário para que as feridas encontrem o caminho da cura.

Ao longo dos anos, tenho experimentado o privilégio de oferecer meu ombro para o pranto, os ouvidos para o lamento, e os joelhos para suportar em intercessão aqueles que de alguma maneira foram feridos em nome de Deus. Carrego comigo o fardo das culpas e vergonhas (as vítimas tendem a se enxergar como responsáveis pelo abuso que sofreram), decepções e frustrações, ódios e ressentimentos, desdéns e indiferenças (fingir que nada aconteceu ou que o ocorrido foi de somenos importância é uma espécie de fuga), desconfianças e inseguranças, além da inevitável crise de fé, aquela necessária revisão de tudo o que foi assimilado como verdade e é colocado em suspeição no tribunal da consciência desperta e do bom senso recuperado. O dia seguinte ao abuso é sempre dia de choro. E nem todos conseguem discernir ao certo os motivos de suas lágrimas. É por essa porta entreaberta que dá acesso a um labirinto de pensamentos e de sentimentos que o pastor entra pisando leve e falando baixo, com cuidado para que o último fôlego de vida não se perca.

No quarto escuro em que os feridos em nome de Deus provisoriamente se recolhem, encontrei apenas vítimas. Confesso que inicialmente me deixei contaminar pelo ímpeto de quem clama por justiça e pelas descrições ácidas que caricaturavam os autores de abuso como monstros inescrupulosos — e infelizmente não duvido de que alguns de fato o sejam. Mas aos poucos fui percebendo e discernindo que na ciranda do abuso espiritual não existem algozes e vítimas, mas normalmente apenas vítimas, cada qual a sua maneira e própria dimensão.

Os que cometem abuso sofrem porque de repente seus olhos se abrem e enxergam quanto foram usurpados: física, emocional, material e espiritualmente, pois o abuso nunca afeta uma área da vida, senão todas, em diferentes proporções — o abuso é sistêmico. Os autores do abuso, por sua vez, também foram ou estão sendo vítima de abuso: ou reproduzem o dano que sofreram ou estão sendo manipulados como instrumentos para causar danos — por trás do abuso está o espírito daquele que vem para matar, roubar e destruir.

Vítimas e autores têm em comum o fato de que em algum momento e por alguma razão perderam o controle de sua identidade e sua dignidade. Foram arrancados por forças diversas de sua condição sagrada de pessoa à imagem e semelhança de Deus, e foram desfigurados, deixando de ser fins em si mesmos, portadores da dignidade intrínseca dos filhos de Deus, passando a ser instrumentalizados por vontades outras absolutamente egocêntricas.

Ambos são dignos de nossa compaixão. O juízo pertence somente a Deus, que tudo sabe e tudo vê, sendo, portanto, o único capaz da justa sentença, que em seu caso é sempre, inclusive, revestida de misericórdia e graça.

Estou certo de que a porta de saída do quarto escuro em que se recolhem os feridos em nome de Deus é a experiência do perdão. O perdão concedido ao outro, e essencialmente o perdão concedido a si mesmo. O verbo "perdoar", na língua grega, significa "mandar embora". Os autores de abuso contraem com as vítimas uma dívida impagável, e somente estas podem se livrar da condição de credoras: o perdão é a recusa da cobrança; quem perdoa abandona as dívidas, literalmente manda embora o fardo pesado das dívidas alheias.

As vítimas de abuso que não perdoam continuam a sofrer o dano do abuso. O evangelho de Jesus é o caminho da ressurreição e da vida. Sua proposta e possibilidade desferem um golpe fatal contra a morte e os espíritos promotores e mantenedores da morte e do matar:

> Abençoai aos que vos perseguem, abençoai, e não amaldiçoeis. Alegrai-vos com os que se alegram e chorai com os que choram; sede unânimes entre vós; não ambicioneis coisas altas, mas acomodai-vos às humildes; não sejais sábios em vós mesmos. A ninguém torneis mal por mal; procurai as coisas honestas perante todos os homens. Se for possível, quanto estiver em vós, tende paz com todos os homens. Não vos vingueis a vós mesmos, amados, mas dai lugar à ira, porque está escrito: Minha é a vingança; eu recompensarei, diz o Senhor. Portanto, se o teu inimigo tiver fome, dá-lhe de comer; se tiver sede, dá-lhe de beber; porque, fazendo isto, amontoarás brasas de fogo sobre a sua cabeça. Não te deixes vencer do mal, mas vence o mal com o bem.
>
> Romanos 12:14-21, RC

O texto de Marília de Camargo César chama a atenção para estas realidades. Seu trabalho jornalístico é excelente, sua sensibilidade é comovente, seu discernimento espiritual é inspirativo e sua contribuição é inestimável. Somente um tipo de pessoa poderia escrever com tamanha sensibilidade e discernimento a respeito de *feridos em nome de Deus*. Aquela que não apenas conhece a Deus, como também conhece o sofrimento de ser ferida em nome dele.

Marília é uma dessas pessoas. Mais que denunciar, está ocupada em discernir, consolar e compartilhar a cura. Seu texto é contundente sem se deixar macular pela mágoa ou ressentimento; verdadeiro, sem ser cruel; simples, sem perder a profundidade; leve, sem negligenciar a seriedade que o tema exige.

Deus atravessa conosco os vales escuros de sombra da morte e nos guia sempre por caminhos de justiça. Cajado e vara são seus instrumentos, figuras que em nossos dias bem podem apontar para um texto como este que você tem em mãos. Minha oração é que, ao final destas páginas, você tenha encontrado discernimento e cura, e se perceba conduzido por Deus às águas calmas e cristalinas, lugar da bondade e misericórdia que nos seguem todos os dias da vida. A quem honra, honra. Toda a glória, porém, a Jesus Cristo, nosso único e bom Pastor.

Ed René Kivitz

Introdução

Seria melhor se um livro como este nunca precisasse ser escrito. Ele carrega em suas linhas uma boa dose de dor e de desamparo, sentimentos que tive de acolher, digerir e esperar que me ensinassem suas lições até poder traduzi-los para estas páginas e contar adequadamente as histórias que se seguem. Houve dias em que foi difícil escrever. Meu coração estava de luto. Desanimei e senti-me abatida, tomada pela dor de amigos e de pessoas que conheci apenas no dia da entrevista para a pesquisa sobre o tema do abuso espiritual. Ovelhas machucadas por seus pastores.

Não foi fácil ver tantas vidas abaladas justamente num lugar que deveria ser sinônimo de amparo e solidariedade: a igreja de Jesus Cristo. Um lugar que, a exemplo de um hospital de guerra, deveria oferecer enfermeiros preparados para fazer curativos, ministrar medicamentos, alimentar os feridos e escondê-los dos olhos do inimigo. Acima de tudo, reunir pessoas prontas para levar aos cansados e sobrecarregados uma palavra de esperança.

Há muitas igrejas assim. Mas não é bem esse o ambiente que as pessoas vêm encontrando em uma parcela expressiva delas. O crescimento rápido da população dita evangélica no Brasil, que segundo o IBGE já responde por 24% dos brasileiros, de longe a fatia religiosa que mais se expandiu nos últimos anos, produz distorções de todo tipo. Pastores despreparados, donos de um currículo obscuro, perdem-se diante da necessidade de pregar mensagens para todos os ouvidos e colaboram com os desvios de rota.

Muitos dos que estão chegando para engrossar as estatísticas animam-se com ensinamentos de um evangelho fácil, aprendendo que seguir Jesus Cristo é andar sempre de cabeça erguida e ser um vitorioso. Afinal, ele derrotou até a morte!

Com isso em mente, segue-se a Cristo para ficar rico, pois somos todos filhos de um Rei, herdeiros de toda sorte de privilégios. Segui-lo é sair da miséria, é conseguir o emprego, a promoção ou então evitar o câncer, a paralisia, o desastre. Ninguém quer diminuir. Todos querem crescer e, se possível, viver uma vida hollywoodiana.

Segue-se a Cristo, então, como escreve Ricardo Barbosa de Souza, porque "Deus é um bom negócio".[1] Não para aprender a servir, mas para tornar-se um vencedor, um chefe, um atleta olímpico espiritual. Um xamã evangélico.

Uma dessas distorções, o alvo desta reportagem, é a que envolve a liderança pastoral. Figura bíblica de proteção e direcionamento, o pastor virou para muitos evangélicos um intermediário entre Deus e os homens. Assim, adota-se, num meio que tanto critica o catolicismo pela devoção a santos e ao papa, uma de suas práticas mais combatidas. Os católicos, pelo menos, elegem como referência figuras históricas nobres, que marcaram sua época por comprovados gestos de altruísmo e serviço ao próximo. Os evangélicos, em contrapartida, estão sendo encantados pela idolatria de imagens baratas.

Os evangélicos estão sendo encantados pela idolatria de imagens baratas.

Idealizar e mistificar o pastor, acreditando ser ele a voz de Deus na terra, uma pessoa sempre madura, ética e bem resolvida do

[1] *O caminho do coração*, Curitiba: Encontro Publicações, 2004, p. 48.

ponto de vista emocional, contribui significativamente para difundir a prática do abuso espiritual, tema principal das histórias relatadas a seguir. É certo que, como menciona um dos entrevistados, não se pode culpar a criança por idealizar a figura do pai, por ser apenas uma criança. No entanto, pode-se culpar o pai, por vestir a fantasia e por tentar viver segundo uma imagem idealizada.

A questão, porém, é que há crianças demais, super-heróis em excesso e, consequentemente, histórias sem fim sobre lideranças que avançam o sinal no trato com seus liderados. Sentimento de onipotência, legalismo, farisaísmo, feridas emocionais não curadas mascaram a profunda incapacidade do líder de perceber as próprias faltas e carências, adubando a lavoura de uma relação abusiva.

Meu interesse pelo tema surgiu de uma dolorosa experiência de divisão na igreja que eu frequentava. De uma semana para outra, uma congregação aparentemente sólida e sedimentada em uma visão missionária e de intercessão pelas nações foi abalada pela notícia do afastamento de um de seus pastores, por motivo de saúde. Mal ele saíra dc cena, pessoas amarguradas e revoltadas por seu estilo de liderança deram início a uma série de acusações, como abuso de poder, manipulação e vantagens financeiras.

Em um período de cerca de seis meses, a igreja perdeu quase mil de seus 1.500 membros, e cinco pastores auxiliares se afastaram. Os que permaneceram estavam atônitos.

Eu não conseguia entender o que tinha acontecido. Não havia provas de roubo ou de picaretagens, dessas que costumam fazer as manchetes dos jornais. Havia, sim, informações vagas e desencontradas sobre mau uso de dinheiro da igreja para pagamento de despesas pessoais. Eram fatos que estavam, digamos, no limite da ética, mas que não chegavam a configurar crime financeiro.

Ao que tudo indicava, isso não justificava a saída de tantos membros que até então pareciam venerar o pastor. Pessoas que durante mais de uma década não desgrudavam dele acusavam-no, agora, de despotismo. Se ele era mesmo déspota, como não perceberam antes, unha e carne que se haviam tornado? Algumas peças não se encaixavam naquele quebra-cabeça.

Amigos que aparentemente dependiam do pastor para todo tipo de decisão tinham resolvido sair da igreja por duvidarem, agora, de sua boa-fé, de seu caráter, de suas intenções. Houve quem dissesse que "se ele não se arrependesse de tudo o que tinha feito, certamente iria para o inferno", demonstrando duvidar, inclusive, de sua conversão.

Eu nunca tinha passado por nada parecido. Ou havia informações muito mais graves que não estavam sendo reveladas à comunidade, numa demonstração inequívoca de falta de transparência e irresponsabilidade, ou o abuso de autoridade daquele pastor fora tão nefasto que terminara por incendiar as estacas de sua própria congregação. Como o repórter que se vê diante de um fato, inquietei-me para investigar o que dera errado.

Convertida desde a adolescência e criada em um lar evangélico, eu já tinha frequentado algumas igrejas tradicionais, como a batista e a presbiteriana. Essa congregação, à qual aderi com 35 anos, foi minha primeira experiência em uma comunidade carismática. Ali, encontrei o arrebatamento de uma espiritualidade mais emocional, que me fez muito bem em uma fase em que enfrentava séria crise pessoal.

A ênfase na necessidade da oração constante, os estudos bíblicos frequentes, os cultos carregados de louvores comoventes, todos esses elementos eram novos em minha experiência litúrgica, fortalecendo-me espiritualmente. Neles, descobri estratégias para enfraquecer meus demônios interiores, ao mesmo tempo que explorava um lado mais místico da fé, para mim desconhecido. Olhando para trás, percebo que nesse período me tornei uma cristã mais fervorosa.

Quando, porém, o pastor caiu sob as denúncias de abuso e eu tive de parar a fim de reavaliar todo aquele roteiro, identifiquei algumas incongruências. Uma das conclusões a que cheguei foi que esse tipo de culto fortemente movido pelas emoções confere enorme poder à liderança. E o poder é uma espada que poucos manejam com graça. É fácil errar a mão. É fácil cair na tentação de manipular.

O poder é uma espada que poucos manejam com graça. É fácil errar a mão. É fácil cair na tentação de manipular.

Como explica o sociólogo da religião Antônio Flávio Pierucci, o pentecostalismo traz muito poder ao culto porque é ali que se manifestam os dons do Espírito Santo, as profecias, o falar em línguas estranhas, o que leva as pessoas a sentirem que Deus se agrada delas. E isso já basta. Não é como no protestantismo original, em que a salvação precisava ser demonstrada na prática, por meio de uma vida íntegra.

> O pentecostalismo contraria a tendência de intelectualização do protestantismo. É menos racional, e é isso que as pessoas buscam. Nele, o seu contato com Deus no culto é mais importante do que na vida civil, como ocorria no protestantismo clássico, que construiu, por exemplo, a civilização norte-americana.

Não empreendi essa busca, contudo, para julgar esse ou aquele pastor, nem denominações evangélicas. Ninguém me conferiu a toga. Eu precisava de respostas para digerir a baixa de tantos soldados feridos. Havia muitas zonas cinzentas que, a meu ver, precisavam ser esclarecidas. Quem era o impostor: o pastor ou aquele que dizia ser uma ovelha fiel? Ou haveria dos dois lados sombras próprias do coração humano que não estavam sendo bem traduzidas naquele confuso processo de dissolução?

Comecei a conversar com alguns amigos que já tinham decidido sair da igreja e a levantar os detalhes de sua história. Foi assim que começou a brotar a ideia deste livro. As nuanças das vivências na igreja, as luzes e as sombras, o claro-escuro.

A confiança excessiva depositada em seres humanos falíveis, a necessidade de construir bezerros de ouro, a idealização da imagem do pastor e a consequente decepção, as más teologias, cheias de sutilezas sobre a necessidade de obedecer à figura da autoridade e honrá-la, todos esses elementos deixaram marcas profundas na vida desses irmãos. Não foram ensinamentos de púlpito, mas recados sutis transmitidos no convívio diário das ovelhas com seus líderes. Era o aprendizado da caminhada lado a lado; o mais eficiente.

Com isso, os mais feridos foram justamente os mais próximos. Como escreve Ken Blue: "Não é de admirar que aqueles que com mais sinceridade desejam agradar a Deus sejam os mais propensos a ser vitimados por autoridades espirituais que se colocam como mediadores de Deus".[2]

> Os mais feridos foram justamente os mais próximos.

Depois de meditar um tempo sobre todos esses episódios, entendi que precisava escrever essas histórias, como se para deixar um registro histórico. Experiências humanas tão ricas não podem ser esquecidas. Quem sabe, elas poderão servir para evitar que outras pessoas cometam os mesmos erros de julgamento, de relacionamento e vivam as mesmas desilusões.

Quando comecei a fazer as entrevistas, a notícia sobre o livro se espalhou e surgiram outras histórias; histórias de pessoas das mais diversas denominações evangélicas: presbiteriana, batista, até

[2] *Abuso espiritual:* como libertar-se de experiências negativas com a igreja, São Paulo: ABU, 2000, p. 37.

neopentecostais. Isso serviu para mostrar que o mal do abuso espiritual parece ser democrático, embora muitos acreditem que prevaleça nas denominações carismáticas, como pentecostal e neopentecostal.

Não há, é claro, nenhuma verdade científica em tal afirmação. Não existem pesquisas sobre o assunto no Brasil, e este livro não possui caráter acadêmico, embora eu tenha ouvido autoridades no campo da teologia, da psiquiatria, da psicologia e da filosofia para analisar o fenômeno. Busquei, com isso, aprofundar a compreensão das causas para tentar traçar o ambiente favorável em que se reproduz a prática do abuso.

As vozes que ouvi foram escolhidas por sua boa reputação, por sugestão de fontes abalizadas e também por recomendação dos editores.

Num desses dias em que tive de subir à tona para respirar devido ao grande acúmulo de emoções que não conseguia assimilar, tive um tempo precioso, sob o sol manso de uma manhã de inverno, meditando na oração que Jesus Cristo fez junto de seus discípulos, pouco antes de ser preso e crucificado em Jerusalém, dois mil e alguns anos atrás. Descrita no capítulo 17 do evangelho de João, a passagem ficou conhecida como "Oração sacerdotal" e consiste em um dos mais lindos trechos literários jamais escritos. Nela, Jesus Cristo demonstra preocupação com o que seria de seus amigos quando ele não mais estivesse ali.

Jesus declara ter cumprido todo o desígnio de Deus, manifestando a esses homens verdades eternas a respeito da graça de Deus, do amor e da salvação e segredos para uma vida abundante. Como verdadeiro pastor, ele pede ao Pai que os guarde do mal. É um momento dramático, de despedida. E despedidas são ocasiões em que as pessoas dizem o que é mais importante. Não há mais tempo para trivialidades.

Não é de estranhar que nesta oração Jesus reserve ênfase para a questão da unidade:

> Eu lhes tenho transmitido a glória que me tens dado, para que sejam um, como nós o somos; eu neles, e tu em mim, a fim de que sejam aperfeiçoados na unidade, para que o mundo conheça que tu me enviaste e os amaste, como também amaste a mim.
>
> João 17:22-23

As fissuras na igreja de Cristo são tantas que tornam essa passagem de uma relevância profética. Em sua despedida, antes da crucificação, Jesus antevê que a falta de unidade entre seus seguidores seria um problema tão grave que ele precisava orar por isso intensamente, usando toda a adrenalina proveniente de sua angústia, em seus momentos finais na terra, ali, naquele jardim. Ele está muito triste; precisa clamar. E nos deixa um exemplo.

Minutos depois de orar, começa uma confusão. O traidor chega para beijá-lo, acompanhado de guardas empunhando lanças e espadas. Pedro se lança, afoito, num gesto violento contra um desses soldados. Todos os discípulos fogem do Mestre logo após sua prisão, revelando possuir, cada um deles, em seu DNA, o gene da covardia e da traição.

A divisão nasce, assim, tão logo o Pastor é capturado. Trata-se de um problema antigo, e não de uma exclusividade pós-moderna. "Precisamos compreender que, nos últimos vinte séculos, nem a igreja nem os pastores foram muito mais saudáveis do que o que temos hoje em dia. Às vezes, no anseio de cuidar da igreja, esquecemos que Cristo morreu por essa igreja porque sabia que ela jamais daria conta sozinha. Ele morreu por nós justamente porque somos um bando de pecadores", observa o pastor Ricardo Agreste.

A divisão nasce tão logo o Pastor é capturado. Trata-se de um problema antigo.

Diante do estrago crescente causado pelas denúncias de abuso espiritual, ouso dizer, contudo, que uma igreja que cresce numericamente no Brasil vê seu rebanho adoecer a uma velocidade desproporcional. Guias cegos estão levando crianças pelo despenhadeiro de uma fé sem limites éticos. Uma noiva com o vestido rasgado exibe suas vergonhas. Não nos espanta, ó Deus, que o mundo não possa conhecer que tu o enviaste.

1

Eu falei a língua dos anjos
Eu segurei a mão do diabo
Estava quente naquela noite
Eu estava frio feito uma pedra[1]

MARCOS TEM UM SONHO RECORRENTE. Ele sonha que está gritando com o pastor da igreja que frequentava: "A culpa é sua, a culpa é sua!". Ele tem conversado sobre esse sonho com seu analista, a quem visita duas vezes por semana; um tratamento bancado por seus pais, que não são cristãos. As finanças de Marcos andam mal, e ele não tem como pagar a terapia. Casado, pai de dois filhos pequenos, toca com dificuldade uma pequena empresa de serviços, enquanto tenta retornar ao mercado de comunicação corporativa, onde atuava.

Entre os transtornos que o têm levado ao analista, esse jovem senhor de 39 anos, formado pela Universidade de São Paulo, fala de como se sentiu "violentado" emocionalmente no convívio com lideranças de sua antiga igreja. O analista, segundo Marcos, concorda com o termo, tamanha a violência das experiências vividas e as fissuras provocadas em sua identidade.

Voltar ao mercado de trabalho depois de oito anos de dedicação exclusiva ao "reino de Deus" não está sendo nada fácil.

[1] BONO, *I still haven't found what I am looking for.*

Aparentemente, ele ainda não conseguiu superar o trauma experimentado em seu último emprego. Teve de deixar a escola cristã onde trabalhava devido a seus constantes problemas de saúde. Seu estado era tal que os médicos não descobriam a razão das febres frequentes e do aspecto arroxeado e marmorizado da pele, como o de uma lagartixa. Um infectologista chegou a propor que seu caso fosse estudado por especialistas, dada a raridade do diagnóstico.

Antes de dedicar-se à escola, Marcos construíra uma carreira bem-sucedida de assessor de comunicação de uma grande empresa na cidade de São Paulo. Ali, ganhava o suficiente para sustentar sua casa. Ao ser convidado por seu pastor para trabalhar numa escola que a igreja fundara, ele acreditou ser "a vontade de Deus para sua vida". Encarou como um sinal, um chamado.

Num retiro da igreja, alguns meses antes do convite, Marcos ouvira Deus falar-lhe que um dia ele trabalharia naquela escola. "Ele fez uma cara de espanto e me disse: Raquel, Deus me falou que vou trabalhar na escola", relembra sua mulher, imitando a careta do marido na ocasião. Ele resistiu ao chamado. "Eu disse para Deus: Deus, se o Senhor quiser que eu trabalhe na escola, vai ter de me fazer gostar dessa ideia. Vai ter de me convencer".

Marcos questiona se foi de fato a voz de Deus que ele ouviu naquela ocasião.

E foi o que aconteceu. Hoje, quando recorda o episódio, Marcos questiona se foi de fato a voz de Deus que ele ouviu naquela ocasião. No turbilhão de suas muitas dúvidas, já não sabe dizer se Deus é um criador que conversa com suas criaturas. Ele se admira, como diz Richard Foster, de "que uma pessoa finita se comunique com o infinito". Ele acha, como escreve o autor, "que a oração pode ser mera manipulação psicológica".[2]

[2] *Oração: refúgio da alma*, São Paulo: Vida, 2008.

Marcos tinha escutado a voz de Deus em outra ocasião. Como um Moisés contemporâneo, a princípio também resistira. Acontecera alguns anos antes, quando frequentava um grupo pequeno de estudo em que Raquel ensinava as Escrituras. Na época, mantinha com ela um relacionamento cordial. Olhava-a com olhar fraternal, não com um olhar masculino. Afinal, ela era sua "líder".

Naquela época, Marcos já pedia a Deus que lhe mandasse uma esposa. Ele se sentia mais centrado e autoconfiante, depois de obter algumas vitórias com o apoio dos pastores. Uma delas fora justamente na área emocional. Antes de chegar a essa comunidade e de conhecer seu hoje ex-pastor, Marcos costumava ser uma pessoa depressiva. Uma das boas coisas que diz ter aprendido com o pastor — e elas foram muitas — foi acreditar somente nas verdades bíblicas e não tanto em suas emoções. Ele aprendeu a fazer orações assertivas, repetindo em alta voz — para que os ouvidos registrassem a mensagem e o cérebro pudesse captá-la — as afirmações da Palavra de Deus a respeito de sua própria identidade como filho de Deus, amado e redimido. Era essa a verdadeira faceta de sua humanidade que precisava ser fortalecida e reafirmada.

Sobre esse novo aprendizado, Marcos passou a se autoafirmar. Ele acredita ter superado profundos conflitos interiores por meio de orações, clamores e jejuns.

Sobre esse novo aprendizado, Marcos passou a se autoafirmar. Ele acredita ter superado profundos conflitos interiores por meio de orações, clamores e jejuns. Cansou de ouvir que as emoções humanas não são dignas de confiança, pois, segundo a Bíblia, "enganoso é o coração e desesperadamente corrupto".[3] Somente a Palavra poderia ser tida por verdadeira, pois traduzia os pensamentos divinos a respeito da natureza humana.

[3] Jeremias 17:9.

Por meio de muitas pregações sobre cura interior e de sessões de libertação de demônios que, segundo a igreja, oprimiam-lhe a mente, Marcos foi mudando. Ele passou a descobrir uma firmeza até então desconhecida e uma alegria que nunca experimentara. Começou a fazer amigos. Sentia-se querido e aceito pelo grupo. Os conflitos mais íntimos, aos poucos, foram dando lugar a uma inédita paz de espírito. O conhecimento da Palavra de Deus e o carinho dos irmãos que oravam por ele trouxeram-lhe novo ânimo. Sua alma, antes agitada, aos poucos foi se aquietando. A tristeza desapareceu de seu rosto. Agora ele tinha um mentor espiritual e pessoas com quem contar.

Nessa fase, Marcos não saía da igreja. Começou a desenvolver o departamento de comunicação. Quando não estava trabalhando, podia ser encontrado no templo, em reuniões de oração ou fazendo trabalhos voluntários.

Uma noite, num desses compromissos, durante um culto, Marcos ouviu Deus soprar-lhe nos ouvidos: "Repare nela", referindo-se a Raquel. "Repare nela" era um convite do Espírito Santo, segundo ele, para que prestasse mais atenção em sua líder. Ele nunca tinha sentido nenhuma atração especial por Raquel. Ele gostava de loiras de olhos claros, Raquel era morena de olhos cor da noite. "Ela tinha um jeito clássico, usava lencinho no pescoço. Eu era mais informal." Raquel, decididamente, não fazia o seu tipo. Mas "repare nela" foi para Marcos outro chamado. Como um "sai da tua terra" para Abrão. Uma palavra profética. Três anos depois de ouvir Deus sussurrar-lhe nos ouvidos, Marcos e Raquel casaram-se, com a bênção do pastor.

* * *

Embora tenha resistido, a princípio, a largar o emprego sólido, onde ganhava três vezes mais, Marcos sentia que trabalhar para o mundo corporativo era "trabalhar para o vento" e que, na escola, sim, estaria se dedicando a uma causa, "a alguma coisa que fazia sentido para mim". Sendo um colégio cristão, o projeto, que então estava apenas começando, foi encarado como uma espécie de ministério espiritual. "Eu sabia que estava jogando minha carreira no lixo para ser professor e ganhar um terço do que ganhava. Mas pensava na importância do trabalho, nas crianças se convertendo. Eu me entreguei por inteiro."

Tomado pela ingenuidade e pelo idealismo, Marcos admite que não estava preparado para encarar o que viria. Imaginava que trabalhar com colegas cristãos seria como estar na antessala do céu, cercado de anjos. Quase todos os funcionários eram membros da mesma igreja, professando as mesmas convicções de fé. Havia orações regulares pelo projeto da escola, pelos alunos, pelos professores. Havia um linguajar comum, os mesmos alvos e jargões. O trabalho era encarado como missão: levar as crianças e, indiretamente, suas famílias, até a cruz de Jesus Cristo.

A decepção foi uma experiência gradual. O pastor, ele percebeu, tinha os pés de barro. A conduta dos irmãos, em geral, e de seu mentor, em particular, não era lá tão cristã. O lugar estava repleto de intrigas, competição e favorecimentos. Alunos ricos eram tratados de forma diferenciada. Seus pais eram bajulados. O lado sombrio da humanidade do pastor apareceu com toda a força. Descobrir que ele era apenas um ser humano foi, para Marcos, uma revelação de proporções apocalípticas.

A decepção foi uma experiência gradual. O pastor, ele percebeu, tinha os pés de barro.

Enquanto isso, a igreja crescia e prosperava. A escola, que contava com o auxílio voluntário de mulheres abastadas, atraía outras famílias também para os bancos da congregação. Um seminário começou a funcionar ali. Em seguida, uma universidade.

A casa de Deus estava sempre cheia. Os novos projetos eram aplaudidos e saudados como um sinal da aprovação divina ao trabalho de todos.

Uma nova liderança jovem surgiu, assertiva, conclamando os crentes a avançar, a não se acomodar, a serem valentes para conquistar o que Deus lhes apresentava como desafios. Os jovens agora eram vistos como pessoas fortes, enquanto os irmãos mais velhos viraram sinônimo de fracotes, de espiritualmente acomodados. "Isso causou divisão dentro da igreja, muitos foram embora", ele se recorda.

Descobrir que o pastor era apenas um ser humano foi, para Marcos, uma revelação de proporções apocalípticas.

Na escola, os favorecimentos e maus-tratos aumentavam e tornaram-se frequentes. Como quem trabalha para uma empresa onde o chefe é temperamental e desrespeitoso, Marcos conta que era depreciado pelo chefe diante de terceiros e desautorizado perante os alunos. Para ele, o problema não estava em ser maltratado, mas em sofrer humilhações "em nome de Deus". Se questionasse uma ordem que lhe parecia inapropriada, era tachado de rebelde, alguém "fora da visão do reino".

"Bruxo" também era um substantivo muito usado, principalmente para quem ousasse discordar da visão "profética" do pastor ou da liderança. A passagem de 1Samuel 15:23 era citada para justificar esse rótulo: a rebelião é como o pecado de feitiçaria. Toda pessoa que tentasse expor uma opinião contrária à da liderança corria o risco de ser tachada de bruxa ou endemoninhada. Os colegas de trabalho pareciam não se opor a essa sistemática de abuso, ou talvez temessem expor as opiniões.

Marcos foi muitas vezes chamado de banana, título reservado ao cristão que já não mostrava a mesma garra para conquistar ou lutar pelas coisas do reino ou tinha dúvidas. O recém-convertido era a ovelha ideal, obediente, dizia o pastor. Os mais velhos contestavam tudo. Não se submetiam. Essa também era uma visão fundamentada na Bíblia, tirada de uma passagem em que o apóstolo Paulo escreve a seu amigo Timóteo. Nessa ocasião, Marcos contava 30 e poucos anos.

Havia uma espécie de cumplicidade entre os funcionários, que suportavam as broncas, calados, por considerar que a voz do pastor era a voz de um profeta a quem não cabia questionamento. Quando ele proferia uma ordem, não era entendida como vinda do diretor da escola, mas de um porta-voz do trono do Todo-Poderoso de Israel. "Deus mudava de ideia a toda hora, porque de um dia para o outro tínhamos de jogar fora um trabalho que levara uma madrugada inteira e começar outro totalmente novo", recorda Raquel, que em certo momento também passara a trabalhar na escola.

Discriminação constituía prática comum. O conselho da escola era formado por homens de negócios bem-sucedidos, membros da igreja, e que ajudaram, com gordas doações, a erguer a instituição. "Comecei a perceber que havia uma diferença brutal de tratamento entre os mortais, como nós, e os grandes investidores da escola, que também eram conselheiros da instituição". Para ele, a forma de tratamento diferenciado evidenciava o pecado que a Bíblia denomina acepção de pessoas. "Pessoas como eu, que doaram a vida para a escola, não eram consideradas investidores."

* * *

Ao relembrar como eram os relacionamentos ao chegar à igreja, quando tudo era pequeno e os projetos não tão ambiciosos, os olhos de Marcos se enchem de lágrimas. É como quem se lembra de um amor juvenil, fresco, puro e belo, que envelhece e se desfigura numa infinidade de cacoetes. Vira Medusa. Quando ele chora discretamente, um choro sentido que brota de uma alma ferida, assemelha-se a um homem traído, que já viveu o prazer de ser muito amado e, de uma hora para outra, passou a ser desprezado pelo objeto de seu amor. "Sempre fui um cara muito depressivo. Quando me converti, Jesus me deu uma força que eu não possuía. As orações na igreja, os novos amigos, as mensagens sobre cura interior deram-me uma força que eu simplesmente não tinha. Os ensinos do pastor faziam a gente acreditar que podia sair da depressão e da tristeza e ter uma vida firme e alegre, em Jesus."

Os ensinos do pastor faziam a gente acreditar que podia sair da depressão e da tristeza e ter uma vida firme e alegre, em Jesus.

Naquele tempo, os amigos da igreja frequentavam as casas uns dos outros. Era comum irem à casa dos pastores e comer com eles. Reuniões de oração de três horas passavam voando. O convívio era fraternal e íntimo. As pessoas contavam seus problemas mais difíceis e oravam umas pelas outras. Havia muitas libertações de alma. As pessoas eram amigas, e os pastores transmitiam confiança. "Eles viviam o que pregavam."

Com o crescimento acelerado da comunidade, o contato com os líderes foi rareando. A voz de comando mais agressiva da nova liderança jovem também trouxe confusão, na opinião de Marcos. "Foi o começo das dores." Aquele tipo de pregação incisiva e combativa dividiu a igreja.

Quando Marcos entendeu que era hora de sair da escola, sentiu muito medo. Sair dali era abandonar uma arca divina, e o castigo viria para todos os que deixassem a cobertura espiritual do projeto. "Diziam que coisas ruins aconteceriam para quem saísse de um projeto de Deus. Como exemplo do que poderia acontecer, o pastor dizia que um colega tinha perdido o apartamento e começado a enfrentar problemas de saúde." Segundo o que se dizia, sair da escola atrairia o castigo divino. "A gente cansou de ouvir isso. Quem saísse da escola levava maldição."

Numa empresa não cristã, ele poderia aceitar o tratamento recebido, mas nunca em uma instituição cristã. "Na empresa onde tinha trabalhado antes, tive muitos chefes carrascos, mas nenhum deles me fez tanto mal como a pessoa que se intitulava meu pastor."

Passou-se um período antes de encontrar pessoas que o fizessem enxergar que a escola era "um" dos projetos de Deus para sua vida, e não o único. Ele nunca ouvira falar que a vontade de Deus é como um rio, que corre solto em direção ao oceano de seu amor, produzindo vida por onde passa. Ele achava que essa vontade era um alvo fixo a ser atingido. Um ponto central num círculo distante que ele deveria acertar, sob pena de ser punido. Ele morria de medo de errar o alvo e se dar mal. Seu Deus era uma divindade pagã, rápida para julgar e condenar.

Seu Deus era uma divindade pagã, rápida para julgar e condenar.

Os pastores, nessa fase, prosperavam junto com a igreja. A afluência de famílias abastadas engordava os dízimos, e o padrão de vida melhorava a olhos vistos. Marcos ressentia-se de ver um padrão de vida alto na liderança enquanto seu salário na escola lhe permitia uma disciplina bastante apertada. "O pastor ensinava que quem desejasse trabalhar para o reino não poderia almejar riqueza; mas ele ostentava uma vida de mordomias. E isso me incomodava."

"Não podíamos ter empregada porque ou dávamos o dízimo ou tínhamos ajudante. Minha mulher, que trabalhava o dia todo e ainda cuidava de nosso filho pequeno, tinha de lavar roupa de madrugada. Enquanto isso, eles viajavam pelo mundo como quem troca de roupa."

Marcos só teve coragem de deixar a escola depois daquela nova compreensão sobre a "vontade de Deus", que lhe fora ensinada por cristãos menos fundamentalistas mediante uma leitura mais flexível das Escrituras.

Algum tempo depois, decidiu sair da comunidade. Seu ressentimento, contudo, ainda é uma ferida aberta. Ele sente que perdeu um tempo precioso de sua vida dedicando-se a pessoas que mostraram uma face mais cruel do que ele jamais poderia imaginar. Marcos sente-se traído.

"Comecei a achar que Deus tinha pisado na bola comigo. Eu obedeci a tudo o que ele me dissera, e acabei me dando mal. Prejudiquei minha casa indo para aquela escola. Desde então, não consigo me reerguer."

Um dos exercícios que a terapia o tem ajudado a fazer é tentar separar Deus das pessoas. Mesmo assim, sente que sua fé acabou. "Faz dez meses que não abro a Bíblia e, quando vejo pastores pregando na televisão, sinto vontade de vomitar."

* * *

O sentimento de vergonha e de indignação definia a vida de Marcos quando conversamos. Pude perceber as enormes expectativas e frustrações que ele tinha experimentado no convívio com aqueles líderes. Seu exemplo está repleto de situações de abuso de poder e as consequências para ele e toda a família.

As análises que se seguem ajudam a desconstruir personagens e derrubar mitos, revelando a carência abissal do coração humano e a maneira pouco elegante com que alguns pastores evangélicos estão se encarregando de suplantá-la.

2

Se conhecêssemos o Novo Testamento de cor, se ouvíssemos seus trovões soando em nossos ouvidos, distinguindo-os dos sons tolos e das sirenes persuasivas do mundo, se soubéssemos de cor ao menos uma sílaba de uma palavra dentro de uma sentença do Sermão do Monte, se déssemos ouvidos à voz da Águia de Patmos, se crêssemos que nos deixarmos ser amados por Deus é mais importante que amar a Deus, nunca mais toleraríamos as maquinações de religiosos manipuladores que distorcem a face de Deus. Nunca mais os que caíram seriam humilhados publicamente diante da congregação. Nunca mais pregadores destemperados teriam autorização para aterrorizar pessoas nos bancos das igrejas. Nunca mais nos colocaríamos ao lado de celebridades clericais e nos curvaríamos aos ricos e poderosos. Nunca mais a primazia de amar estaria subordinada a uma suposta ortodoxia.[1]

O ABUSO ESPIRITUAL PODERIA SER definido como o encontro entre uma pessoa fraca e uma forte, em que a forte usa o nome de Deus para influenciar a fraca e levá-la a tomar decisões que acabam por diminuí-la física, material ou emocionalmente.

Na prática, o abuso ocorre de formas variadas, umas escancaradas, outras sutis. Ser tachado de rebelde ou de insubordinado apenas por ter resistido a uma ordem pastoral, por discordar dela, é um exemplo de abuso. Foi o que ocorreu na história de

[1] Brennan MANNING, *A sabedoria da ternura*, Brasília: Palavra, 2007, p. 24.

Marcos. É ser humilhado inúmeras vezes diante de terceiros. Ser exposto como alguém alheio à visão do corpo, do "mover do Espírito", para usar um jargão bem evangélico.

Na área financeira, os limites podem ser ultrapassados, por exemplo, por meio de pedidos de empréstimo de dinheiro e bens ou pela manipulação visando obter favores ou presentes.

A semente de um hábito que amanhã poderá transformar-se em abuso é muitas vezes lançada, hoje, pelo próprio fiel. Muitos ministros sinceros e usados por Deus para ajudar pessoas combalidas por problemas gravíssimos passam a considerar normal receber bens valiosos, como retribuição. Conheço pastores que foram "abençoados" com carro importado, joias, viagens ao exterior, roupas de grife.

Os fiéis agem desinteressadamente, com o único objetivo de demonstrar carinho e reconhecimento pelo bom trabalho e pela fidelidade pastoral ao seu rebanho.

A reincidência de tais ações, contudo, pode contaminar o relacionamento entre pastores e ovelhas. E o estatuto das igrejas não contempla limites éticos para essas doações, como fazem, por exemplo, as empresas. Essa cultura de retribuir a homens dádivas obtidas de Deus pode facilmente degenerar para a mais pura bajulação e levar o pastor a adotar atitude tendenciosa no momento de julgar questões entre irmãos de diferentes condições sociais.

O estatuto das igrejas não contempla limites éticos para essas doações, como fazem, por exemplo, as empresas.

* * * *

O abuso espiritual não nasce com cara de monstro. Como o retrato de Dorian Gray, a princípio mostra-se formoso, em forma de um relacionamento mais íntimo entre o fiel e seu líder. Pouco a pouco, entretanto, vai mostrando sua verdadeira natureza perversa. Ele brota como flor singela, cheia de intenções puras. Desenvolve-se em meio ao terreno fértil da carência e da vulnerabilidade humana. Então, com o convívio e o livre exercício do poder por parte de uma liderança autoritária, o abuso espiritual vai assumindo gradualmente sua fisionomia grotesca.

Normalmente, o relacionamento inicial entre a vítima e o autor do abuso é de amizade, como quem encontrou, depois de muita procura, aquela voz amiga e solidária que ansiava ouvir durante tanto tempo.

Normalmente, o relacionamento inicial entre a vítima e o autor do abuso é de amizade.

Em geral, as pessoas buscam conselhos pastorais quando enfrentam problemas sérios para os quais não conseguem ver saída. O casamento vai mal, o filho está andando em más companhias e se recusa a ir à igreja, os negócios estão ruindo, o médico apresentou um péssimo diagnóstico, um amigo próximo tentou se matar...

Como lidar com a adversidade, sem conhecer o que a Bíblia diz sobre aquele assunto específico? Corre-se, então, para o gabinete pastoral. É muito importante para o cristão conhecer a opinião dessa pessoa "especial" que, ao menos em teoria, conhece a Bíblia melhor do que ele, ora mais do que ele, é mais consagrado espiritualmente do que ele. É fundamental descobrir o que o pastor pensa e o que a Bíblia fala sobre o problema, já que para o cristão ela é a Palavra inspirada pelo próprio Deus. O "manual do fabricante".

Escutar um conselho fundamentado na Palavra de Deus transmite segurança. Além disso, aconselhamentos e orações, juntos, não raro nos inspiram e trazem à luz ideias novas e alternativas antes impensadas. É como uma terapia gratuita, com o aval divino, livre do "mundanismo" dos consultórios de psicanalistas. Alguém com quem o fiel se sente confortável para expor dificuldades de relacionamento, vícios, fraquezas de todo tipo; coisas que não teria coragem de contar nem a um amigo chegado. O pastor vira um confessor. Um cúmplice. Um psicólogo de quem se exige larga sabedoria. Um oráculo.

Essa elevadíssima expectativa depositada sobre pessoas comuns — com a honrosa distinção, certamente, de ter vocação pastoral — pode ser o começo de uma longa caminhada de decepções.

As complicações, na verdade, começam quando essa procura por conselhos, que é natural, torna-se uma necessidade cotidiana, quando a pessoa que busca soluções para a vida na figura do ministro religioso se encontra fragilizada ou muito vulnerável emocionalmente. "O abuso surge numa relação de muita dependência, na qual alguém que está ou é muito carente encontra alguém que tem muito a oferecer, quando uma pessoa em grande dificuldade encontra outra que tem respostas. É uma relação assimétrica", explica Osmar Ludovico, autor de *Meditatio*,[2] um livro sobre problemas que afligem a igreja de Cristo e no qual dedica dois capítulos ao tema do abuso espiritual.

> As dificuldades surgem quando uma pessoa de natureza frágil e dependente depara com um líder de tendência autoritária e legalista.

Quando a crise do fiel é temporária, não há maiores desdobramentos, na visão de Ludovico. As dificuldades surgem quando uma pessoa de natureza frágil e dependente depara com um líder de tendência autoritária e legalista. "Essa relação de codependência acaba se cristalizando, e isso é péssimo", avalia Ludovico.

Para ele, existe um tipo de ovelha que parece atrair pastores abusivos. São pessoas tão vitimadas pelas circunstâncias que,

[2] São Paulo: Mundo Cristão, 2007.

mesmo quando alguém se dispõe a ajudá-las, elas acabam desencadeando situações tendentes a perpetuar sua condição de vítima. "A pessoa vitimada guarda o poder da acusação. Alguns preferem que as feridas nunca cicatrizem."

Por que tantos irmãos parecem precisar desses modelos fortes de liderança? Por que há tantos que desejam ouvir da boca de um ministro de Deus a resposta pronta para seu questionamento? Por que tantos parecem querer andar diariamente bem próximos do pastor, como se precisassem de um guru particular que lhes diga como andar, o que vestir, o que comer, o que decidir?

Para Osmar Ludovico, essa questão é também cultural, e ela pode ser observada, por exemplo, na esfera da vida política. As pessoas que exercem poder sempre saberão resolver meu problema, sempre terão a resposta para minhas difíceis equações de vida. "Falta a consciência de que é preciso assumir responsabilidades por si mesmo e pela comunidade. Isso acontece muito na política, onde é comum culpar o governo por tudo."

Talvez por isso, um pastor que diz: "Busque você mesmo a resposta. Ore, leia a sua Bíblia e tente ouvir de Deus a resposta que está procurando" não seja tão popular quanto o sabe-tudo, o mais assertivo, dono de um bom repertório de frases feitas. Tiago não afirma que Deus dá sabedoria liberalmente a *todos* os que a pedirem? O pastor que admite não ter todas as respostas, porém, talvez vá encontrar muitos bancos vazios na congregação, aos domingos.

> A triste verdade é que muitos cristãos temem a responsabilidade de ser livres. Quase sempre é mais fácil deixar que outros tomem as decisões ou fiar-se exclusivamente na letra da lei. Alguns homens e algumas mulheres querem ser escravos.[3]

[3] Brennan MANNING, *A sabedoria da ternura*, Brasília: Palavra, 2007, p. 10.

Ou como bem observa Rubem Alves: "Sonhamos o voo, mas tememos as alturas. Para voar é preciso amar o vazio. Porque o voo só acontece se houver o vazio. O vazio é o espaço da liberdade, a ausência de certezas".[4]

Para voar é preciso amar o vazio. Porque o voo só acontece se houver o vazio. O vazio é o espaço da liberdade, a ausência de certezas.

A ovelha pode adotar uma postura passiva também porque aprende que o pastor é a pessoa que responde espiritualmente diante de Deus por sua vida e pelo seu crescimento espiritual. Algumas vezes, ouvi um pastor dizer de púlpito: "Vou prestar contas a Deus pelo que fizer a vocês", como quem assume o peso dos erros ou as recompensas pelos acertos de toda a congregação.

A Bíblia mostra que a missão do pastor é apaziguar as ovelhas, fortalecer as fracas, curar as doentes, achar as desgarradas e buscar as perdidas:

> Assim, se espalharam, por não haver pastor, e se tornaram pasto para todas as feras do campo As minhas ovelhas andam desgarradas por todos os montes e por todo elevado outeiro; as minhas ovelhas andam espalhadas por toda a terra, sem haver quem as procure ou quem as busque.
>
> Ezequiel 34:5-6

Osmar Ludovico lembra que, se esse conceito de responsabilidade for levado ao pé da letra, pela vida toda, o pastor pode ser tentado a criar mecanismos para que o rebanho seja sempre dependente e não se desenvolva. "Esse rebanho nunca vai poder crescer. Eugene Peterson afirma que o bom pastor é aquele que em determinado momento se torna desnecessário." Ele põe fim

[4] *Religião e repressão*, São Paulo: Loyola, 2005, p. 9.

a essa relação hierárquica. É como o filho que se torna adulto e passa a conversar com o pai de igual para igual.

> Há momentos em que essa proteção e esse cuidado são necessários. Mas agir como um menininho dependente e carente anos a fio é uma patologia. Essa necessidade constante de atenção e de orientação é um sinal da infantilização do rebanho.

Osmar Ludovico conhece algumas histórias de cristãos que sofreram abuso por parte de pastores. Mas, em sua trajetória peculiar, de quem tenta fugir aos padrões convencionais do culto evangélico pasteurizado, ele tem encontrado muitos cristãos que já não suportam esse tipo de tutela, de patrulhamento. Ludovico já pastoreou igrejas, mas hoje ministra cursos e organiza retiros nos quais ensina as pessoas a buscarem a Deus no silêncio. É um jeito meio monástico de espiritualidade; um aprender a caminhar com Cristo sem esperar recompensas, como faziam os chamados "pais do deserto". Não se trata, contudo, de um evangelho fácil, pois está, convenhamos, bem centrado no significado da cruz.

Devagar, acredita ele, o eixo nas igrejas precisa mudar. Devagar, o pastor centralizador e autoritário precisa sair de cena. Mas não só ele. Aquele que é liberal e manso também deve sair. E, no lugar desses dois tipos, entra Jesus Cristo, o Senhor, que é o verdadeiro pastor. O pastor sem manchas. "Somos chamados a ser discípulos de Cristo, e não de uma pessoa ou de um pastor."

> Somos chamados a ser discípulos de Cristo, e não de uma pessoa ou de um pastor.

Essa substituição radical vai ficar mais fácil quando os pastores forem mais humildes e responderem com mais frequência: "Meu querido irmão, me desculpe, mas eu não tenho todas as respostas".

3

Oh, me ajude, por favor, seu doutor, estou avariado
Há uma dor onde antes havia um coração
Está dormente, está batendo,
Você pode, por favor, acabar com ela?[1]

CONHECI UM PASTOR QUE MANDOU UM recém-convertido mudar-se de sua casa, localizada próxima a um cortiço na cidade de São Paulo, onde morava com a mulher também recém-chegada à igreja, porque o lugar estava tomado por um "espírito de miséria".

Conheci outro que até hoje se pergunta se deveria ter avisado uma jovem sobre as experiências homossexuais passadas do rapaz com quem ela iria se casar. Esse pastor não sabia na ocasião, e ainda não sabe, se tinha o direito de falar. Aconselhou o noivo a contar à noiva os detalhes íntimos de sua vida, o que ele não fez. O casamento acabou dando certo, mas, quando a esposa soube a verdade a respeito do passado do marido, revoltou-se contra o pastor. Ela esperava que ele a tivesse alertado.

São situações extremas que expõem estilos distintos de liderança pastoral e que nos levam a refletir sobre os limites saudáveis de interferência do líder espiritual na vida de seus seguidores. Trata-se de uma questão fundamental para compreender o problema do abuso espiritual.

[1] Jagger/Richards, *Dear Doctor*.

No primeiro caso, o casal que obedeceu à ordem pastoral e se mudou para um apartamento, num bairro melhor e pagando um aluguel muito mais alto do que o primeiro, nunca se arrependeu da decisão. Pelo contrário. Sair do cortiço onde vivia perto de vizinhos intrometidos e familiares chatos foi uma iniciativa libertadora. A mudança foi encarada como "um passo de fé" e estimulou o casal a procurar melhor emprego para conseguir arcar com as despesas maiores. Como foram bem-sucedidos, eles entendem que a obediência foi plenamente recompensada. O rapaz, que tinha problemas com bebida, deixou o vício e passou a andar na linha. Ele é hoje um próspero corretor de imóveis na cidade de São Paulo.

Essa história, contudo, poderia ter acabado de um jeito bem diferente. O emprego melhor poderia não ter vindo, o aluguel poderia ter-se transformado num peso excessivo no orçamento, uma fonte de endividamento. A dívida teria resultado num processo de despejo, e o casal teria de voltar para a casa de um dos familiares chatos, que o acolheria, sem perder a chance de falar mal da igreja. Talvez o casal passasse a culpar o pastor por ter dado com os burros n'água; talvez se transformasse num dos personagens deste livro. Talvez tivesse, inclusive, abandonado o pastor, a igreja e a fé.

Ed René Kivitz situa-se entre esses pastores que ficam refletindo dias e até semanas sobre o grau de intromissão que podem ter na vida das pessoas que vêm procurar seus conselhos. Quando tivemos uma conversa sobre o tema deste livro, ele estava decidindo se falava ou não a um membro de sua igreja que a moça com quem o rapaz decidira casar-se era na verdade uma bela enrascada.

Dono de opiniões contundentes quando discute conceitos teológicos ou filosóficos, Kivitz precisa orar e pensar muito antes de dar uma opinião pessoal a uma ovelha que precise de orientação sobre questões familiares ou emocionais específicas. Ele acredita que o pastor pode dar esse tipo de conselho aos seguidores, embora seja essencial deixar claro que, em casos como esse, trata-se apenas de uma opinião:

> A autoridade pastoral não pode descer ao detalhamento da vida pessoal: Com quem vou casar? Que proposta de emprego devo aceitar? Devo vender minha casa e comprar um apartamento? Isso está fora do campo de autoridade pastoral, porque esse campo é teológico e ético. Posso descrever para você o que a Bíblia diz sobre como deve ser o caráter do homem com quem você vai se casar. Mas é você quem vai ter de decidir à luz desses critérios.

O que passar disso, a seu ver, configura abuso.

A pessoa que busca o conselho de um pastor ou líder precisa saber diferenciar o amigo, o conselheiro, da figura de autoridade. Um conselho você pode acolher ou não. Autoridade você obedece, sob pena de ser punido.

A pessoa que busca o conselho de um pastor ou líder precisa saber diferenciar o amigo, o conselheiro, da figura de autoridade.

Muitos dos problemas de abuso espiritual, na visão de Kivitz, ocorrem justamente pela distorção do papel do pastor. Pessoas com problemas emocionais graves o procuram como se ele fosse um psicólogo ou um terapeuta. Outras, em dificuldades financeiras, batem à sua porta em busca de consultoria de planejamento tributário. Em geral, os pastores não têm formação adequada nem de um lado nem, muito menos, do outro. A maioria dos seminários dá noções básicas e abreviadas de psicologia, filosofia e sociologia. E, como diz um jovem missionário conhecido, seminários formam seminaristas, e não pastores. Somente a vivência humana e a experiência da jornada podem formar um verdadeiro mentor espiritual.

> Os seminários treinam para a liderança religiosa, e não para a mentoria espiritual. O líder religioso cuida de uma instituição. O mentor espiritual cuida de pessoas. O líder cuida de orçamento, de agenda, de programas e atividades. É um gestor, um CEO religioso. O mentor é o pastor.

Kivitz dirige a Igreja Batista da Água Branca, em São Paulo, uma comunidade com cerca de dois mil membros que se reúne numa enorme tenda. As instalações são pouco convencionais. E as mensagens desse pastor, autor de *Outra espiritualidade*[2] e de *Vivendo com propósitos*,[3] também fogem do lugar-comum do evangeliquês médio. Ele não usa jargão. Fala um bom português. Prega mensagens intelectualizadas, nas quais cita Aristóteles, Sócrates e Camus. Usa termos psicanalíticos, como "arquétipo", que não são para todos os ouvidos. Faz seu rebanho pensar.

Ed René Kivitz poderia se classificado como uma voz dissonante na realidade evangélica atual. Eu o procurei porque queria conhecer melhor seu pensamento a respeito do abuso espiritual. E também porque sabia que muitos feridos, que deixaram igrejas onde foram detonados emocionalmente, estavam desembarcando em sua congregação, para procurar ajuda. Eu queria saber como ele estava lidando com essas pessoas e que teologia estava aplicando nesses casos.

> O autor do abuso permite, conscientemente, que a vítima confunda a identidade dele com a autoridade espiritual que ele representa.

Ele me explicou que o abuso espiritual é formado por alguns ingredientes. Primeiro, o autor do abuso permite, conscientemente, que a vítima confunda a identidade dele com a autoridade

[2] São Paulo: Mundo Cristão, 2006.

[3] São Paulo: Mundo Cristão, 2006.

espiritual que ele representa. "Quando a palavra do pastor é equiparada à palavra divina, e o pastor permite que se ouça dessa maneira, isso implica abuso." A palavra de um líder espiritual, disse Kivitz, não é equivalente à palavra da autoridade espiritual que ele representa. Trata-se de um discernimento possível, pode ser uma opinião, uma sugestão, uma sabedoria adquirida com o tempo. "O guia espiritual não é um oráculo. Quando ele se coloca no papel de oráculo, certamente, em algum momento, vai cometer abuso."

> Muitas igrejas evangélicas tratam hoje sua liderança como eram tratados os profetas do passado.

O segundo ingrediente ocorre quando o autor do abuso desfruta de benefícios pessoais na relação com seu liderado. Quando o beneficiado na relação não é a pessoa que busca o orientador, mas o próprio orientador. "Toda vez que numa posição de serviço aquele que serve é o maior beneficiado, então ele não está servindo; está sendo servido. Ali existe abuso."

Há alguns componentes facilitadores dessa prática. Kivitz acredita que um dos mais comuns é o conceito muito difundido sobre o "ungido de Deus", oriundo do Antigo Testamento. Muitas igrejas evangélicas, em especial as pentecostais e as neopentecostais, tratam hoje a sua liderança como eram tratados os profetas do passado, com reverência intocável. "Isso é Antigo Testamento, ou seja, hierarquização da experiência espiritual ou dos agentes envolvidos nela. Na experiência espiritual cristã, não há hierarquia, todos somos nivelados. Pode haver hierarquia no governo eclesiástico. Sou autoridade sobre você no que diz respeito ao governo da comunidade, mas não no que diz respeito à sua experiência pessoal com Deus. Este é o papel de Cristo: ser o único mediador entre Deus e os homens. A única mediação é feita por Jesus Cristo."

Pecam os pastores que, segundo esta visão, trazem para dentro do cristianismo esse conceito de oráculo profético.

Ao parar para refletir sobre isso, dei-me conta de que durante muitos anos, na igreja que frequentei, reverenciei meus pastores como pessoas especiais, que traziam recados proféticos, parecendo ter acesso a algum canto exclusivo da presença de Deus reservado só para eles. Desenvolvi uma confiança profunda naquelas pregações, e elas me proporcionaram experiências espirituais de crescimento que eu não poderia renegar agora.

Mesmo carregando uma boa bagagem de informação bíblica e considerando-me uma pessoa razoavelmente bem informada, acreditei que esses líderes eram, sim, "ungidos de Deus", não porque eles mesmos se autoproclamassem como tais, mas porque havia uma atmosfera mística que colaborava para essa percepção.

Os cultos apresentavam forte carga emocional. A parte musical prolongada, as orações em línguas estranhas e as pregações linha-dura, levando o rebanho a considerar seus tropeços e a andar integramente, resultaram em visíveis transformações pessoais. Meu processo de mudança interior durante aqueles anos foi acelerado, e eu sentia como se boa parte de minha jornada espiritual anterior tivesse sido uma grande perda de tempo.

> Supre-se uma carência emocional ancestral adotando-se um personagem espiritual carismático.

Para Ed René Kivitz, e também para outros pastores com quem conversei, eu estava errada por interpretar que aquele líder era uma pessoa com alguma vantagem espiritual simplesmente por ser um pastor que orava bastante e pregava sermões contundentes. Talvez eu tenha sido poupada de avarias pessoais por conseguir continuar enxergando nele um ser humano falível, e não um papa evangélico.

Acreditar que o pastor tem uma visão iluminada a respeito das verdades espirituais e que ele sempre conhece bem a Bíblia e, portanto, sempre tem conhecimento teológico que avalize mandos e desmandos é outro aspecto que facilita o abuso. "Faz parte da natureza humana a transferência de responsabilidade. E a experiência espiritual não permite a transferência de responsabilidade. Ninguém se relaciona com Deus em nome de outro alguém. Cada um se relaciona por si mesmo."

> Essa cultura religiosa acostumada a intermediários espirituais favorece muito a ocorrência do abuso

Kivitz recorda ainda uma noção freudiana que fala da necessidade que todos temos de substituir o sentimento de abandono materno e paterno. "Segundo Freud, esse senso de abandono e vulnerabilidade nos faz precisar de um Deus, e esse Deus é materializado na figura do guia espiritual. O pastor, nesse caso, exerce o papel de pai, e a pastora, o de mãe." Em resumo, supre-se uma carência emocional ancestral adotando-se um personagem espiritual carismático.

Ainda uma vertente cultural pode explicar a necessidade de endeusar pastores e estabelecer com estes um relacionamento idólatra. O Brasil, na análise de Kivitz, é uma nação de cultura religiosa e mística. Uma nação onde muitos consultam os espíritos, seus guias espirituais. Num primeiro momento, o protestantismo se estabelece e atrai os fiéis egressos do catolicismo. Esses irmãos, como lhes é de praxe, passam a projetar no pastor a figura do padre, a referência que os leva até o sagrado.

A expansão do protestantismo alcança os fiéis vindos do culto afro. A transferência agora é feita da figura do pai de santo para a do pastor. "Na macumba e no candomblé, o pai de santo incorporava os espíritos. Na igreja evangélica, incorpora-se o Espírito Santo. O fiel entende que é um fenômeno semelhante", afirma Ed René, que acredita que essa cultura religiosa acostumada a intermediários espirituais favorece muito a ocorrência do abuso.

Rostos desfigurados

No final de uma longa conversa, perguntei ao pastor Kivitz como ele lidava com a necessidade de perdoar o autor do abuso, segundo a ética cristã.

Como costuma fazer, ele resumiu num enunciado o dilema apresentado: perdão, explicou, é algo da relação pessoal, e não da funcional. "A relação entre pessoas implica perdão. A relação pessoa–função implica qualificação."

> Perdoar, perdoa-se. Aprender a confiar novamente implica tempo. Recuperar a credibilidade é uma longa jornada.

Ele usou uma boa ilustração para esclarecer o que queria dizer. Um cirurgião plástico está sendo processado por dezessete pacientes por prática ineficiente na mesa de operações. Desfigurou alguns rostos e corpos por pura incompetência. Ele vem a público e reconhece sua má formação, sua inexperiência. Pede perdão a cada uma das dezessete vítimas. "Você submeteria o seu rosto a ele?", pergunta o pastor.

Para Kivitz, a pergunta que se deve fazer a respeito de alguém que pratica o abuso não é se eu o perdoo ou não. Mas se ele está ou não qualificado para a sua função. "As pessoas pensam que o perdão coloca a relação no mesmo patamar em que estava antes do ocorrido. Por exemplo: um cônjuge trai o outro e pede perdão. Ele é perdoado. No dia seguinte, a parte que foi traída pergunta ao outro: 'Aonde você foi?'. O outro rebate: 'Mas você já não me perdoou?'. 'Sim, perdoei', diz o primeiro, 'mas perdi a confiança.' O mesmo acontece na relação com o autor do abuso."

Perdoar, perdoa-se. Aprender a confiar novamente implica tempo. Recuperar a credibilidade é uma longa jornada. "Um pastor que abusou de sua comunidade precisa de tempo para refazer o seu caminho. Precisa submeter-se à autoridade. Precisa tratar-se, aperfeiçoar-se, cuidar-se. Isso não acontece de um domingo para o outro com um pedido de perdão."

4

A gente nunca vai sobreviver
A menos que dê uma pirada[1]

Ah, mundo tão desigual.
De um lado esse carnaval,
Do outro a fome total[2]

NA TERÇA-FEIRA, VERA AVISOU QUE na sexta iria embora. O marido, Adriano, não acreditou, e ficou atônito quando no dia prometido ela entrou no carro, colocou nele os dois filhos pequenos, deu a partida no motor e saiu em direção à casa dos pais, a dois mil quilômetros de distância dali. O caminhão de mudança veio na manhã seguinte para recolher a maioria dos móveis da casa: sofá, camas, armários. Vera não aguentou esperar por uma mudança de postura do marido diante da igreja, da profissão e da vida em família. Ela cansara de viver sempre sem dinheiro, sempre sob pressão, de viver uma vida supervisionada pela congregação à qual pertenciam. Ela queria ser livre.

Poucos meses depois de ver a mulher partir com os filhos, Adriano deu uma "pirada", como diz a letra da música do cantor inglês Seal, para conseguir sobreviver. Decidira há apenas

[1] *Crazy*, Seal.
[2] *A novidade*, Gilberto Gil.

algumas semanas sair da igreja que frequentara nos últimos dez anos, deixando o trabalho que exercia como "obreiro" da congregação, como é chamado o seminarista que aspira ao pastoreio. Advogado formado pela Universidade de São Paulo, Adriano ficou sem chão quando perdeu, de uma só vez, a família, o ministério, a fé nos pastores e, temporariamente, um pouco da razão.

Para reiniciar a carreira de advogado, ele recorreu a velhos amigos de faculdade, que prontamente o acolheram e o indicaram para uma vaga em um escritório conceituado. Confuso e aflito, ele passou a sair com esses amigos, a quem não via desde a época da conversão, uma década antes. Conheceu algumas garotas, divertiu-se com outras, sem compromisso, só para se distrair. A mulher partira em dezembro. Em março, uma dessas namoradas casuais avisou Adriano de que estava grávida.

Adriano ficou sem chão quando perdeu, de uma só vez, a família, o ministério, a fé nos pastores e, temporariamente, um pouco da razão.

Quando conversamos a respeito de sua experiência de abuso espiritual, ele estava a um passo do desespero ao refletir sobre o que se passara em sua vida nos últimos meses. A namorada já se mudara para seu apartamento recém-alugado, e o filho nasceria em breve.

Adriano "nasceu dentro da igreja presbiteriana", como costuma dizer. A igreja presbiteriana é uma das denominações históricas protestantes, de linha teológica mais conservadora. Seus avós eram presbíteros, ou seja, líderes da comunidade. Seus pais se conheceram no mesmo local, ali se casaram e criaram os filhos. Mas não demorou muito para ele começar a enjoar daquela atmosfera toda certinha. Já na adolescência, rebelou-se contra um ambiente que julgava reservado e careta. "Parecia que estava todo mundo esperando a morte para ir para o céu", relembra.

Quando fez 18 anos e entrou na faculdade de Direito, Adriano caiu na vida. A liberdade recém-conquistada como universitário significava autonomia para levar uma rotina mais bem temperada, com sabores picantes. Na prática, isso queria dizer drogas (muitas drogas), sexo (muito sexo) e *rock'n roll*.

Nessa mesma época, sua mãe adoeceu gravemente e, quando ele estava perto de concluir o curso, ela faleceu. Pouco tempo depois disso, sofreu uma desilusão amorosa e perdeu o emprego. Entrou numa espiral depressiva e não sabia a quem recorrer.

O pai, na ocasião, convidou-o para uma festa numa nova comunidade carismática que passara a frequentar, onde os cultos eram alegres e "cheios de poder". Adriano aceitou o convite. Em sua primeira visita, a igreja estava celebrando a festa dos tabernáculos, uma data de origem judaica que alguns cristãos também comemoram por acreditarem que as festas fazem parte de um calendário "profético". A igreja estava enfeitada, as músicas eram tocantes e cantadas em alto volume.

Ele conta que nesse dia sentiu uma comoção que o marcou profundamente. Foi o "toque" do Espírito Santo, uma experiência inédita em sua vida. "De um dia para o outro, eu parei de fumar maconha, de cheirar cocaína, de tomar LSD, de beber." Adriano não era um fumante ocasional. Ele plantava *Cannabis sativa* num vaso no apartamento onde morava com os colegas da faculdade. No entanto, a partir daquela festa, sua rotina mudaria radicalmente.

> Jurou servi-lo fielmente em seu trabalho, dedicando-se a ele em todas as suas necessidades.

Passou a visitar a igreja e os cultos com regularidade. Algum tempo depois, conheceu Vera, a quem, nove meses mais tarde, tomaria por esposa. Começou a envolver-se nas muitas atividades no templo: cultos de oração, reuniões em pequenos grupos, aconselhamentos.

Nessa fase do "primeiro amor" — expressão que a Bíblia usa para descrever o entusiasmo e a paixão próprios dos recém-convertidos —, Adriano resolveu fazer um voto ao pastor daquela igreja. Jurou servi-lo fielmente em seu trabalho, dedicando-se a ele em todas as suas necessidades. Foi um voto feito publicamente, movido por amor àquele homem de Deus e pelas mudanças positivas que o rapaz enxergava em sua própria vida, frutos dos ensinamentos pastorais.

"Ele tinha sido um instrumento de Deus em minha vida", conta Adriano, "e eu queria honrá-lo. Naquela época, eu já percebia que ele dava muita ênfase aos versículos que falam que aquele que honra o profeta recebe galardão de profeta. Havia uma espécie de mantra desse versículo, que também estimula o fiel a 'semear no reino, para colher abundantemente.'"

Ele se refere a duas passagens bíblicas. Em Mateus 10:41, Jesus afirma que "Quem recebe um profeta, no caráter de profeta, receberá o galardão [recompensa] de profeta". O segundo texto a que Adriano se refere está em 2Coríntios 9:6, em que Paulo afirma: "aquele que semeia pouco pouco também ceifará; e o que semeia com fartura com abundância também ceifará".

Adriano decidiu largar o emprego para trabalhar na igreja em tempo integral, passando a conviver mais próximo de seu amado líder. Como falava bem o inglês, era convidado para viagens internacionais, a fim de servir de tradutor. Nessas ocasiões, ficava impressionado com as compras do pastor, que gastava sem medo e em alto estilo. Como o orçamento de Adriano ficara apertado depois de trocar a advocacia pelo reino de Deus, constrangia-o ver o líder comprando tudo o que os olhos desejassem, enquanto Adriano passava vontade.

Adriano constrangia-se em ver o líder comprar tudo o que os olhos desejavam, enquanto ele passava vontade.

Numa dessas viagens, o pastor pediu a Adriano que lhe desse de presente uma pasta de grife no valor de quatrocentos dólares. "Abençoe-me, e você será abençoado", argumentava. Quem honra o profeta recebe galardão de profeta. O salário de Adriano não lhe permitia comprar o mimo, mas ele acabou cedendo e dando o presente ao pastor.

Irmãos que o acompanhavam nessas missões, que sempre tinham objetivos espirituais, costumavam depositar dinheiro vivo — como presente — nas mãos do homem de Deus, fato testemunhado diversas vezes por Adriano. "Em vez de ele investir esse dinheiro na obra de Deus, aceitava de bom grado e gastava tudo consigo mesmo."

Adriano presenciou isso várias vezes, o que o incomodava. Além das ofertas generosas e do salário mensal, que na época comparava-se ao de um diretor de empresa de grande porte, a igreja pagava o aluguel da casa do pastor, um plano de saúde, previdência privada, as despesas com o automóvel e seguros. Enquanto isso, Adriano e seus colegas seminaristas, que trabalhavam na igreja em tempo integral, sustentavam a família com dois mil reais por mês, e a maioria sem registro em carteira. "Aprendíamos que tínhamos de batalhar pelo nosso sustento e aquele que desejasse ser rico não podia entrar na obra de Deus."

Com o passar do tempo, ficou claro para Adriano que o pastor que ele tanto amava no princípio na verdade apresentava traços de caráter inconsistentes com um servo de Jesus Cristo. O pastor gostava de promover competição entre os seminaristas, prática que causava divisão e intrigas. Ele escolhia propositadamente um dos obreiros para elogiar em público e outro para humilhar, realçando defeitos e opiniões discordantes. Era uma tática terrorista. "Ninguém tinha coragem de retrucar, pois seria questionar um homem de Deus. Seria insubordinação, rebeldia."

Detonar o moral dos que serviam na igreja tinha sempre uma conotação espiritual. Tudo era feito em tom de repreensão; afinal, a Bíblia recomenda que os irmãos exortem uns aos outros, que corrijam entre si os desvios de rumo e de procedimento. "Ficávamos morrendo de medo, achando que, se divergíssemos das broncas, estaríamos resistindo à disciplina de Deus em nossa vida. 'Deus o está moendo, o pão que apanha fica mais macio, o grão de trigo tem de morrer!' Era o que escutavámos. O pastor se encarregava de matar o grão de trigo e de sovar o pão."

Ofensas em nome de Deus. Disciplina espartana e voto de pobreza para os seminaristas. Enquanto isso, o pastor servia-se em mesa regalada e refestelava-se em Louis Vuittons e carrões japoneses de última geração.

Apesar de enxergar os abusos, Adriano viveu praticamente todo esse período — cerca de dez anos — acreditando que o pastor fosse merecedor de todas aquelas bênçãos. Afinal, ele levava muitas pessoas aos pés de Jesus. Muitos se convertiam com suas pregações emotivas e carismáticas. O crescimento da igreja era uma das provas. As coisas aparentemente iam muito bem na casa do Senhor.

O pastor se encarregava de matar o grão de trigo e sovar o pão.

Na casa de Adriano, porém, as coisas iam de mal a pior. A esposa, que sempre fora mais crítica das condutas pastorais e da teologia que obriga a mulher a submeter-se sempre ao marido, que é o "cabeça", começou a falar em separação. "Eu a oprimia muito. Quando ela me pedia para ir procurar emprego de novo como advogado, eu respondia que tinha de cumprir o meu voto."

Quando Vera partiu, ele enxergou a realidade. Foi como se lhe tivessem tirado as vendas dos olhos. Antes, ele estava como que anestesiado por um ambiente em que todos idolatravam aquele homem de Deus e suas teologias distorcidas.

Quando Adriano finalmente abriu os olhos, culpou o pastor por todas suas ruínas, por todas suas perdas. Até pela gravidez da namorada ele o culpou. Atribui sua condição atual à falta de um verdadeiro pastoreio. Embora vivesse próximo do líder, ele e sua família não foram devidamente cuidados, aconselhados e nutridos.

Quando Adriano finalmente abriu os olhos, culpou o pastor por todas suas ruínas, por todas suas perdas.

Ao falar dos filhos que se foram, as lágrimas escorrem com facilidade. No ano em que conversamos, vira os pequenos apenas duas vezes em seis meses. Não tem dinheiro para visitá-los. E agora, ainda por cima, as despesas vão aumentar, com a chegada do bebê.

Antes de sair da igreja, ele pediu ao pastor que o dispensasse do voto feito. Nunca mais falou com ele depois disso. "É uma loucura o dano que meus filhos sofreram por causa disso tudo. Não há indenização que pague o que esse pastor causou em minha vida."

Quando pergunto como está a sua vida espiritual, Adriano diz que não abre a Bíblia há muito tempo, mas continua crendo "na justiça de Deus". "Às vezes, amigos me mandam arquivos em *powerpoint*, por *e-mail*, sobre abuso espiritual, e eu nem abro. Só respondo: eu sei bem o que é abuso espiritual. E quero justiça. Nenhum homem tem a resposta de que preciso. Espero uma resposta de Deus. Nunca mais ninguém vai me levar na conversa".

"Você consegue orar?", pergunto a ele. "Quando oro, falo para Deus: Deus, eu tenho de ver meus filhos! Preciso de dinheiro para pagar a passagem, para me hospedar. Preciso estar com eles. Sinto muita falta deles. Ninguém me dá dinheiro pra isso. Mas, para o pastor, davam muito dinheiro, muito dinheiro."

5

No momento em que eu podia falar, fui forçado a ouvir.
Agora há um caminho, e eu sei que tenho de ir embora.
Eu sei que tenho de ir.[1]

RUPTURAS FAMILIARES CAUSADAS POR devoção de alguém a um líder religioso não são exclusividade dos evangélicos. Antônio Flávio Pierucci, titular de sociologia da Universidade de São Paulo, tem vários conhecidos que, a exemplo da história de Adriano e Vera, acabaram divorciando-se ou isolando-se do rol de amigos depois que aderiram a grupos religiosos.

Quando o procurei para discutir a ideia deste livro, minha intenção era ouvir uma voz fora do universo cristão sobre o tema do abuso religioso. Especialista na obra de Max Weber e admirador do "Deus de Lutero", conforme afirmou em um curso sobre o livro *A ética protestante e o espírito do capitalismo*, Pierucci é um homem sem religião, com a visão crítica que eu procurava para ampliar o debate.

Logo no começo de nossa longa conversa, ele me contou a respeito de um amigo cujo casamento fora desfeito porque a mulher mergulhara no ambiente da Pró-Vida, uma espécie de seita que prega o poder da mente para o crescimento pessoal. O amigo

[1] Cat Stevens, Father & Son.

enfrentava uma fase difícil porque sua esposa o deixara, depois de muito tentar atraí-lo para as reuniões, sem sucesso. "Primeiramente, ela começou a dedicar um dia por semana ao trabalho na Pró-Vida, depois dois dias, até que chegou a ponto de o marido só encontrá-la na hora de ir pra cama. O casamento começou a degringolar. Ela queria que o marido aderisse à seita, mas ele não queria saber. O filho também não. Esse amigo está convencido de que o que estragou o casamento dele foi a Pró-Vida."

Pierucci comentou que toda vez que ela demonstrava desejo de se desligar da seita, era convencida a ficar, pois tudo melhoraria assim que ela passasse "para o próximo nível".

A estrutura das religiões que em sua análise Pierucci classifica como "de conversão" — entre as quais inclui o cristianismo — funcionam justamente assim: cria-se um grupo de pessoas de diferentes origens, que cortam raízes, especificidades e história pessoal, passando a se identificar com o novo grupo e, não raro, anulando vínculos familiares. A família, nesse caso, é o passado, que precisa ser deixado para trás.

Esse tipo de religião tem sucesso porque ataca os laços pessoais dos indivíduos, tornando-os cada vez mais indivíduos.

"Esse tipo de religião tem sucesso porque ataca os laços pessoais dos indivíduos, tornando-os cada vez mais indivíduos. Jesus Cristo passou sua vida pública fazendo isso, arrancando as pessoas de casa para segui-lo. Buda fez isso com seus monges e também São Francisco de Assis, no século XIII", explicou o sociólogo da religião.

Quando argumentei que as comunidades evangélicas que eu conhecia apresentavam forte vocação para a integração familiar, Pierucci observou que, sim, num primeiro momento, o objetivo é inserir toda a família no novo meio, mas, uma vez rejeitada essa hipótese por algum dos membros, "tem início uma guerra". "A estrutura que impera é a de desfazer os antigos grupos em nome de outro mais perfeito, escolhido por Deus. O que passa a valer é a igreja de Deus, é aquela nova comunidade, aquela congregação. A precedência agora é daquele grupo."

Não que ele considere negativa essa ruptura; pelo contrário. Para o professor da USP, desvincular-se da família pode ser muito bom. "Sair do guarda-chuva familiar é salutar. Numa certa idade, todos precisamos sair. O grande problema da religião é que você troca uma submissão por outra. Na nova comunidade, além do Deus a quem aderiu, você também vai encontrar um representante de Deus. Ele tanto pode ser uma pessoa maravilhosa, que vai fazê-lo descobrir o mundo da espiritualidade, da interioridade, de uma forma que o renova e o amplia, como pode ser uma pessoa ruim demais em humanidade que vai travá-lo. Que vai mandar em você."

Consequentemente, essa liderança, a quem a pessoa adere por escolha própria, e não mais por tradição familiar, terá muita ascendência sobre ela. "As religiões são capazes de provocar muita dor nas pessoas. Acho que você está pegando casos *light*", disse-me ele, acrescentando que conhece exemplos de abuso bem mais graves, e não só entre os evangélicos. Casos de assédio sexual de pastores sobre fiéis no momento de êxtase espiritual durante os cultos. De mães de santo expulsando violentamente fiéis que se exibiam demais na cerimônia no terreiro de umbanda. De padres que expuseram ao constrangimento público católicas fervorosas ao negar-lhes a comunhão na missa porque souberam que elas coabitavam com o namorado.

> As religiões são capazes de provocar muita dor nas pessoas.

Na visão de Pierucci, o crescimento dos evangélicos no Brasil expõe essa ambiguidade. De um lado, já são mais de 20% da população que tiveram a coragem de escolher uma religião que não é a de seus pais, o que é um dado sociológico muito positivo. "Por outro, hoje, todo mundo sabe o que é ser pastor evangélico. Com o televangelismo, eles ganharam uma visibilidade incrível. Você passa pelos canais de televisão e ali está um pastor pregando."

> Você fala em pastor, e a ideia que se tem é a de um picareta que está atrás de dinheiro.

Não satisfeitos com a visibilidade na mídia, eles também ganharam espaço na esfera política. "Isso desgastou demais a imagem do pastor. Teve um efeito farisaico: ele prega seus sermões, mas vive uma vida incoerente com eles, e as pessoas descobrem. Então, passa a ser visto como hipócrita."

Todas essas constatações têm um efeito nefasto sobre a imagem do protestantismo. "A culpa é de quem?", pergunta Flávio Pierucci. "Do pastor presbiteriano? Dos fantásticos teólogos luteranos? Dos metodistas? Não. Não são esses que estão depreciando a imagem do pastor evangélico. São os pastores pentecostais, e essa imagem já está fixada. Você fala em pastor, e a ideia que se tem é a de um picareta que está atrás de dinheiro. E de que aqueles que o seguem são verdadeiros otários."

6

Você me abre seus braços,
E a gente faz um país.[1]

Tia Vitória quis fazer um país com o abraço de Marcelo Gonçalves, mas ele disse não. Um não tão sonoro que ela resolveu romper relações com ele, com o restante da família e até mudar de sobrenome. Ela se recusava a ser chamada Gonçalves depois de ter sido afrontada por Marcelo num gesto que considerou insubordinação a uma palavra profética dada a ela pelo Deus Altíssimo em pessoa.

Tia Vitória já tinha todos os outros quatro sobrinhos na palma de sua poderosa mão, mas precisava do sim de Marcelo para fechar o leque e cumprir o seu chamamento: criar na igreja que ela pastoreava um ministério composto por cinco tipos de liderança, cada qual com um dos dons espirituais descritos em Efésios 4:11 pelo apóstolo Paulo (apóstolos, evangelistas, profetas, pastores e mestres).

Ela sonhava em cumprir sua missão e acreditava que o papel do sobrinho era fundamental. Jovem estudante de teologia e com talento para ensinar, Marcelo era visto como o mestre que levaria conhecimento bíblico àquela pequena comunidade, fazendo-a florescer.

[1] Marina Lima, *Fullgás.*

Tia Vitória era uma mulher de visão. Dissera a uma das sobrinhas que "tinha tido uma visão de que ela seria pastora". A um sobrinho, garantiu "que ele seria profeta", e a Marcelo, que o enxergava "como mestre, ensinando na igreja, e a igreja prosperando". Ela via coisas demais e tinha recados celestiais para todos os públicos. Interferia sem dó na vida dos Gonçalves. Em sua comunidade evangélica de aproximadamente 80 membros, um terço era composto por parentes.

> Marcelo era visto como o mestre que levaria conhecimento bíblico àquela pequena comunidade, fazendo-a florescer.

Sua influência matriarcal levava os primos a sempre consultá-la para tudo e a reunirem-se em sua casa nas datas festivas. Os Gonçalves em peso afluíam para festas de fim de semana em sua chácara. Alguns chegaram a comprar casa na vizinhança, e as confraternizações eram frequentes. Marcelo teve um sítio na mesma rua, que acabou vendendo, depois dos desentendimentos por confrontá-la ao discordar de sua "visão". Com isso, gradativamente toda a família foi se distanciando. Os primos lhe viraram a cara. A mãe de Marcelo não fala muito com ele até hoje. Ela concorda com a tia Vitória: ele teve uma atitude rebelde contra uma serva do Senhor.

"A grande tentação dela foi pensar: 'Deus está comigo. Se tudo o que eu fiz deu certo é porque ele me abençoa. Assim, tudo o que devo fazer é legislar e pastorear conforme essa visão dada por Deus'. Foi esse caminho ideológico que transformou tudo num grande abuso", analisa Marcelo.

Ele guarda ressentimentos por ter sido culpado pela desintegração familiar. Foi acusado pelo rompimento com a tia e pela divisão que se seguiu na igreja. "Isso me deixou muito mal. Fiquei deprimido, pois servi de bode expiatório". Marcelo procurou um psicoterapeuta para compreender o que vivera e leu muitos livros sobre abuso religioso. Segundo ele, essa disposição em aprender com sua experiência acelerou seu processo de cura emocional. "Tive oportunidade de me tratar, mas fico pensando naqueles que não a tiveram. Hoje posso dizer que estou curado, apesar de ainda ter problemas com a minha mãe."

Marcelo trabalha para desenvolver em sua igreja um grupo de apoio para pessoas que sofreram na mão de lideranças abusivas. Seu trabalho de conclusão de curso de bacharelado em teologia tratará do tema. Ele vai usar o dom de ensinar que tia Vitória tanto valoriza para expor publicamente o jeitinho particular dela de pastorear igrejas e famílias.

* * *

Luiz também teve problemas com primos pastores ao decidir afastar-se da igreja quadrangular que eles lideravam, na periferia de São Paulo. Numa noite, comunicou ao pastor principal da comunidade que não aprovava o esquema do G12 — uma fórmula de crescimento em pequenos grupos adotada por muitas comunidades evangélicas visando à expansão exponencial. Foi chamado, aos berros, de feiticeiro porque estava se colocando contra a vontade de seu guia espiritual.

> Aos berros, Luiz foi chamado de feiticeiro por estar se colocando contra a vontade de seu guia espiritual.

Estudante de filosofia e inquieto por natureza, cedo Luiz aprendeu a questionar as falhas administrativas das pequenas congregações pentecostais das quais participara desde a conversão, aos 18 anos de idade. Ao perceber que o ensino era fraco e a liderança baseada no carisma do pastor, e não necessariamente em sua integridade moral, trocou a igreja quadrangular por outra denominação, em um prédio maior, com uma mensagem intelectualizada e um pregador afamado, que atraía um público mais parecido com o seu perfil inquiridor.

Nesse ambiente, embora reconheça que cresceu espiritualmente e no conhecimento das Escrituras, Luiz afirma ter experimentado uma forma de abuso mais sutil: o abuso teológico. O pastor que ele tanto admirava começou a ensinar à congregação os fundamentos do teísmo aberto, uma corrente teológica nascida nos Estados Unidos que, de forma bem simplificada, prega que Deus não pode conhecer o futuro plenamente, pois a liberdade plena conferida ao ser humano o impede de saber as opções de cada um e o final da história de suas criaturas.

"Aquilo começou a soar estranho. Ele dizia que, se Deus conhecesse o futuro, o homem estaria preso a esse futuro já decidido, o que anularia o conceito de livre-arbítrio. Eu sempre fui calvinista, sempre preferi acreditar que Deus não só sabe todas as coisas, como programou tudo para que aconteça como acontece. Mesmo que em meu coração eu tenha liberdade, prefiro acreditar que tudo em minha vida está nas mãos de Deus. Aquele discurso para mim foi um baque."

O pastor demonstrou uma postura autoritária e avessa a críticas.

O pior, segundo ele, foi a reação do pregador quando Luiz lhe enviou um *e-mail* questionando sua posição teológica. Recebeu uma resposta grosseira. O pastor demonstrou uma postura autoritária e avessa a críticas, e disse que o excluiria de seu *mailing*. Logo depois, ele decidiu sair da igreja.

Para Luiz, a extrema humanização dos cultos era muito arriscada. "Havia o problema que encontro na filosofia: os filósofos são grandes intelectuais, mas falam muita asneira teológica. Não posso me apoiar em Fernando Pessoa para encontrar o Cristo de Paulo ou de Pedro", argumenta. "Ele esbravejava verdades, mas a prática deixava a desejar."

Luiz voltou a experimentar a vida cristã numa comunidade pequena. Sua igreja atual, calvinista reformada, tem 40 membros.

É, na verdade, como uma grande família. Os cultos são embalados pelo som de um antigo órgão de tubo, e as músicas tiradas do hinário, um centenário livro de canções protestantes. Ele admite o conservadorismo de sua opção, mas acha que é mais seguro desse jeito. Diz preferir "louvar como nos tempos de Lutero" a ouvir canções de Djavan nas reuniões de jovens. Sua antiga igreja, em sua opinião, tinha perdido o caráter de igreja.

7

Podemos ser heróis
Apenas por um dia, o que você me diz?[1]

Eles não fazem por mal. Não são manipuladores inescrupulosos, que estão ali só para dominar e tirar vantagem dos mais fracos. Líderes que abusam são, eles mesmos, as primeiras vítimas de um sistema terrível que se instaurou na igreja evangélica e que propicia o abuso. Raramente, o autor do abuso tem consciência ou a intenção de ferir. "Na maioria das vezes, essas pessoas são até ingênuas quanto ao mal que estão causando. O cara não é necessariamente um patife consciente. Muitas vezes, ele acredita sinceramente no que está fazendo. Como Hitler. Ele estava imbuído de uma missão. Em suas relações pessoais, era afável, conversa mansa", afirma Ricardo Gondim, pastor da Igreja Betesda de São Paulo.

> Líderes que cometem abuso estão em geral obcecados por uma visão.

Acostumado a subir o tom quando avalia as estrepolias feitas em nome de Deus, Gondim acredita que muitos autores de abuso foram engolidos por uma teologia grandiloquente, um espírito messiânico que os cega ao mesmo tempo que — como

[1] David Bowie, *Heroes.*

a figura de carcará — pega, mata e come as ovelhas que com eles convivem.

Uma das vozes mais ácidas contra o evangelho barato que se vê pregado na atualidade, Gondim também recebeu em sua igreja, como o amigo Ed René Kivitz, uma legião de refugiados machucados por abuso de autoridade pastoral. Inspirado nessas muitas histórias que ouviu e nos estragos que testemunhou, promoveu em sua congregação, em 2008, um debate sobre o tema "abuso religioso". As ideias neste capítulo foram extraídas desse curso, com autorização do pastor.

Líderes que cometem abuso, segundo a análise de Gondim, estão em geral obcecados por uma visão. Estão convencidos de que têm uma missão divina, e em nome dela estão dispostos a sacrificar os sujeitos. "Foi assim que se deram as grandes chacinas e as grandes guerras do século XX. Quando o ideal é maior que a pessoa, as pessoas podem ser, sim, sacrificadas em nome dele."

No momento em que deparei com essa definição, lembrei-me instantaneamente dos relatos de Marcos, o primeiro personagem deste livro, que contou que muitos limites éticos eram ultrapassados na escola, em nome de uma visão profética.

"A liderança adoece quando tem um compromisso inadiável com a História. Se eu acreditar que o meu projeto é a salvação do mundo, não terei dificuldades em ferir quem quer que seja para atingir meu objetivo. Essa é a lógica do tirano, do abusador religioso", avalia Gondim.

Se eu acreditar que o meu projeto é a salvação do mundo, não terei dificuldades em ferir quem quer que seja para atingir meu objetivo.

Nenhum ideal pode ser maior que a vida humana, criada à imagem de Deus. Ela precisa ser respeitada e dignificada. A igreja que passa por cima de pessoas para implantar um reino não pode estar sob a liderança daquele que, temporariamente, abriu mão de um reinado para resgatar pessoas.

A congregação que embarca a qualquer preço na "missão profética" de seu pastor fica mais suscetível a excessos de sua liderança. Usar o nome de Deus para comunicar uma visão de ministério traz um peso e uma responsabilidade enormes. Trata-se de uma questão tão relevante, segundo Gondim, que foi inserida nos Dez Mandamentos. Deus não terá por inocente aquele que usar seu nome levianamente.

> Muitos trabalhadores terão de prestar contas altas ao Senhor da seara por venderem planos pessoais como se fossem divinamente inspirados.

De acordo com essa análise, muitos trabalhadores terão de prestar contas altas ao Senhor da seara por venderem planos pessoais como se fossem divinamente inspirados. Pastores com missões grandiosas, como, por exemplo, converter a nação inteira para Cristo, evangelizar o planeta Terra ou levar uma geração ao evangelho acabam seduzidos pela própria retórica e, como Narciso, por uma imagem reluzente no espelho. Como Narciso, acabam aniquilados por essa paixão consigo.

"Muitas vezes, esse líder está tão embevecido pela exuberância de suas próprias palavras, envaidecido pelo seu próprio sucesso, que nem sequer nota que está ferindo os outros. É o líder autorreferenciado. É o narcisismo religioso. Ele diz: 'Sou o cara de Deus, a última cartada de Deus para este século.'"

Nessa viagem megalomaníaca, nasce todo tipo de distorção nos relacionamentos. Não por um desejo sádico de esmagar, mas porque o pastor passa a achar-se responsável por cumprir o chamado de levar o povo à terra prometida, submetendo, a qualquer preço, infiéis e rebeldes à obediência.

Antigamente, os pastores eram chamados de reverendos, palavra que vem de reverência, dada a nobreza de sua obra. "As pessoas partem do princípio de que o pastor é uma pessoa que merece respeito. De quem menos se esperaria que houvesse abuso.

Por isso, é mais fácil acontecer, porque se baixam as guardas, as defesas. O conceito que se tem a respeito daquela pessoa determina a relação que se terá com ela", diz o pastor.

Medo do pastor

Ricardo Gondim menciona diferentes tipos de abuso religioso. Um deles é o que se perpetua ao infundir o medo no coração dos fiéis. A pregação do pastor insiste em que, se a ovelha não der o dízimo, Deus mandará gafanhotos devoradores para destruir a empresa do coitado. Ensina que, quando você peca, o diabo passa a ter acesso a sua vida, como se uma escorregadela entregasse nas mãos de Satanás uma senha secreta para entrar e apropriar-se da pessoa e de seus bens. "Trata-se de uma doutrina esdrúxula que só serve para manter o seguidor cativo. Ele esquece o provérbio que diz que a maldição sem motivo não pega."[2]

> Nessa viagem megalomaníaca, nasce todo tipo de distorção nos relacionamentos.

Lideranças abusivas também se impõem despertando culpa. "Pode-se manipular uma audiência pela culpa. Por sermos todos seres inadequados, que sempre podemos fazer melhor, somos facilmente pegos com esse tipo de pregação", acrescenta o pastor da Betesda.

Novas doutrinas, difundidas pelo movimento neopentecostal, também colaboram com a perpetuação de excessos. Uma delas é o ensino sobre "cobertura espiritual", que concede ao líder posição de autoridade e responsabilidade espiritual sobre um grupo de pessoas que se reporta a ele. "Quando o líder se sente em posição hierarquicamente mais alta, mais privilegiada, sente-se mais

[2] Brennan MANNING, *O evangelho maltrapilho*, São Paulo: Mundo Cristão, 2007, p. 25.

tentado a controlar os que estão sob sua tutela. O termo "cobertura espiritual" baseia-se em uma doutrina falsa, que nada mais é que abuso religioso. Não é bíblica. Se existe uma cobertura, é a cobertura do amor de Deus, estendendo-se sobre nós como um lençol", ensina Gondim.

Uma igreja saudável, espiritual e emocionalmente, entende que o papel de todos os membros é dividir os fardos, orar uns pelos outros, repartir alegrias e pesares. Não há privilegiados na hierarquia. Não há eleitos, superdotados da oração. "Não existe oração forte. Esse conceito de oração forte é completamente estranho às relações que se estabelecem entre Deus e seus filhos. Numa relação filial, não existe um filho que sabe pedir melhor e o que não sabe pedir. Atos, capítulo 2, diz que o Espírito foi derramado sobre toda carne. Todos fomos presenteados."

> Quando o líder se sente em posição hierarquicamente mais alta, mais privilegiada, sente-se mais tentado a controlar os que estão sob sua tutela.

Ricardo Gondim lembra o salmo em que Davi celebra: "Como é feliz aquele que tem suas transgressões perdoadas e seus pecados apagados! Como é feliz aquele a quem o SENHOR não atribui culpa".[3] E cita *O evangelho maltrapilho*, de Brennan Manning, para finalizar:

> Viver pela graça significa reconhecer toda a história da minha vida, o lado bom e o ruim. Ao admitir meu lado escuro, aprendo quem sou e o que a graça de Deus significa. Como colocou Thomas Merton: "Santo não é alguém bom, mas alguém que experimenta a bondade de Deus". O evangelho da graça nulifica nossa adulação aos televangelistas, superastros carismáticos e heróis

[3] Salmos 32:1-2, NVI.

da igreja local. Ele oblitera a teoria das duas classes de cidadania que opera em muitas igrejas americanas. Pois a graça proclama a assombrosa verdade de que tudo é de presente. Tudo de bom é nosso, não por direito, mas meramente pela liberalidade de um Deus gracioso. Embora haja muito que possamos ter feito para merecer — nosso diploma e nosso salário, nossa casa e nosso jardim, uma garrafa de boa cerveja e uma noite de sono caprichada —, tudo é possível apenas porque nos foi dado: a própria vida, os olhos para ver e as mãos para tocar, a mente para formar ideias e o coração para bater com amor. Foram-nos dados Deus em nossa alma e Cristo em nossa carne. Temos o poder de crer quando outros negam; de ter esperança quando outros desesperam; de amar quando outros ferem. Isso e muito mais é pura e simplesmente de presente; não é recompensa a nossa fidelidade, a nossa disposição generosa, a nossa vida heroica de oração. Até mesmo nossa fidelidade é um presente.[4]

Identificando o autor ou o potencial autor de abuso

Na conclusão do estudo, Gondim oferece algumas ferramentas para ajudar a discernir uma liderança que comete excessos. São dez:

> Não há privilegiados na hierarquia. Não há eleitos, superdotados da oração.

1. Cuidado com frases do tipo: "Você ainda não está na nossa visão". Não aceite nada que não possa ser questionado. Se o Deus da Bíblia se deixa questionar, por que seu pastor não o permitiria? Queira entender os porquês de cada ensino. A principal heresia que ameaçou o cristianismo foi o gnosticismo, a religião que lidava com mistérios. Era mística. Isso é um risco. Não aceite um

[4] São Paulo: Mundo Cristão, 2007, p. 25.

líder que diz: isso é uma verdade espiritual que você ainda não tem condições de entender.

2. *Nunca aceite o milagre pelo milagre.* Deus não precisa mostrar que é todo-poderoso. Deus não está em competição com os ídolos. Ele não precisa provar nada. O diabo, sim, é que precisa provar que pode alguma coisa.

3. *Saiba distinguir quem está ganhando a glória por aquele milagre.* Provérbios diz: "Sejam outros os lábios que te louvam, e não os seus próprios". Preste atenção em líderes que têm uma necessidade imensa de se autoelogiar. A Bíblia diz que se vangloriar pela própria boca é vergonha.

4. *Perceba se o programa é mais importante que as pessoas.* A prioridade é gente ou é programa? A igreja serve aos membros para ajudá-los a potencializar dons e talentos. Essa é a ordem correta. Quando o importante é o programa, as pessoas passam a ser peões a serviço de um programa. O pastor tem de ser um facilitador dos dons das ovelhas.

5. *Preste atenção às propostas megalomaníacas.* Frases do tipo: "Vamos ganhar o mundo". Esse foi o problema de Salomão. Ele maculou a história de Israel porque se tornou megalomaníaco. Construiu o templo, de riqueza ímpar, mas não se contentou. Quis mais. Quis palácios. Quando Salomão morreu, o reino estava endividado, e seu filho ficou numa situação difícil. Dali, Israel rachou numa guerra civil e permaneceu rachado até o fim. Muitos líderes são assim: megalomaníacos. Querem construir o templo mais suntuoso, querem o melhor de tudo, uma gula financeira que os leva ao abuso.

6. *No culto, coloque-se sempre no lugar de uma pessoa não crente.* Imagine que um professor universitário, amigo seu, ou um empresário vai visitar o culto da sua igreja. Como ele vai sair de lá? Achando que é um bando de malucos? Como é que ele entende aquilo que está sendo feito ali?

7. Fique atento aos sinais. Sinais de ostentação e vaidade, de riqueza e mudanças comportamentais do líder, à medida que o ministério se expande e que sua reputação vai crescendo. Como ele ficou? Virou um cara pedante, afetado? Repare nos sinais exteriores de riqueza.

8. Você tem medo do seu pastor? Tem medo de que ele possa orar e sua vida ser prejudicada? Se seu pastor lhe causa medo, certamente não é um servo de Jesus Cristo. Porque o perfeito amor lança fora todo o medo. As relações que estabelecemos têm de ser de amizade, de afeto, de solidariedade.

9. O pastor se comporta com cinismo diante das aflições humanas? O cinismo de alguém que não conhece as mazelas humanas, que não lida com a necessidade do outro, que não sabe o que é empatia? É daqueles que falam "Deus vai fazer maravilhas em sua vida", mas não leva em conta as condições socioeconômicas, a dor humana, as carências sociais, as enfermidades incuráveis? Ele sabe trabalhar pastoralmente com o pai de uma criança que apresenta uma síndrome genética incurável?

10. Observe se ele ama as riquezas. O amor ao dinheiro é verdadeiramente a raiz de todos os males.

8

Encontre-me em meu campo esverdeado, filho da Mãe Natureza.
Margaridas dançantes cantam uma canção
preguiçosa sob o sol, filho da Mãe Natureza.[1]

No Espírito de Deus, eu sou livre.[2]

Eu agradecia a Deus pelo sol que aquecia o meu rosto naquela manhã de fim de inverno e escutava essa canção dos Beatles no meu iPod. Depois de uma caminhada de uma hora, sentia-me muito bem. Meus ouvidos estavam aguçados para a delicadeza daquela melodia, os suaves dedilhados da guitarra, a voz singela de Paul McCartney, esse cantor que muitos cristãos consideram profano.

Enquanto adorava a Deus ouvindo uma música feita por pessoas tidas como heréticas por boa parte dos evangélicos, eu refletia se minha postura ali, na simplicidade de meu quintal, naquele dia radiante, seria ou não espiritualmente reprovável. Será que Deus poderia ficar aborrecido? Afinal, eu estava orando "sob a influência" dos Beatles. Sentia-me grata e em perfeita harmonia com o meu Pai e Criador naquela maravilhosa manhã ensolarada

[1] Lennon e McCartney, *Mother Nature's Son*.
[2] Trecho de cântico de igrejas evangélicas.

de setembro, embalada por uma trilha sonora que talvez fosse "carnal e demoníaca".

Avaliar os limites de minha liberdade espiritual levou-me a lembrar que, minutos antes, eu tinha encontrado uma amiga que também havia saído da igreja que eu frequentava. Caminhando juntas por algumas quadras, ela me atualizou sobre sua família, sua vida profissional e como agora, depois de deixar a igreja, ela e o marido sentiam-se mais livres. "É uma sensação ótima", ela desabafou.

Aquela frase colou em meus ouvidos. Agora, então, ela se sentia livre. Isso quer dizer que, antes, estava aprisionada. Ou ao menos era essa sua impressão. Essa frase ecoou como uma revelação porque, no caminho da construção deste livro, eu a ouvi não uma ou duas vezes, mas várias.

Muitas pessoas machucadas por lideranças de igrejas evangélicas afirmaram que, ao deixarem a tutela pastoral e o ambiente eclesiástico formal em que estavam inseridas, tiraram um peso dos ombros.

Muitas pessoas machucadas por lideranças de igrejas evangélicas afirmaram que, ao deixarem a tutela pastoral e o ambiente eclesiástico formal em que estavam inseridas, tiraram um peso dos ombros. Elas passaram a viver uma vida melhor. Algumas ficaram visivelmente mais bonitas. Como se sentiam culpadas se não participassem de todas as atividades da igreja, sob pena de "enfraquecer na fé", sobrava-lhes pouco tempo para atividades corriqueiras como cuidar da aparência, fazer exercícios físicos ou mesmo cultivar um *hobby*.

A história de Célia é uma dessas histórias de alguém que melhorou de vida depois de sair da igreja. E de decidir que nunca mais pretende envolver-se novamente em uma comunidade evangélica. Ela é uma dessas pessoas que detestam sentir-se cativas de uma religião inventada por homens.

Célia conheceu Cristo em um seminário sobre libertação e cura para problemas emocionais, realizado por uma famosa pregadora brasileira. Ironicamente, ela acredita que aquele foi o início de uma série de aprisionamentos emocionais, psicológicos e até mesmo de ordem física. "Minha vida hoje está infinitamente melhor. Eu me sinto mais livre para falar com Deus de coração, e não a partir de regras ditadas por alguém. Oro de maneira honesta e sincera, sem seguir padrões. Estou mais sensível a ouvir a voz do Espírito Santo. Sinto-me mais na obrigação de buscar Cristo, porque antes ele já me tinha mastigado e traduzido de maneira doentia. Hoje é um Cristo para mim. É um Deus muito meu. Porque Deus está dentro da gente, no ar que respiramos, em todos os lugares. Antes, eu achava que ele estava só na igreja. Hoje descubro Deus em tudo, até nos remédios que tomo."

Eu me sinto mais livre para falar com Deus de coração, e não a partir de regras ditadas por alguém.

Conhecer Célia deixou em mim uma grata impressão de estar com alguém que entendeu o que é ter a liberdade prometida por Cristo. "Se o Espírito libertar vocês, vocês serão livres de verdade."

Os remédios a que Célia se refere são os quatro comprimidos diários que ela precisa tomar para tratar uma doença autoimune rara e incurável, chamada miastenia gravis, que a acompanha há dezoito anos, mais ou menos o mesmo tempo de sua caminhada no evangelho. Durante os cinco anos em que frequentou uma igreja neopentecostal, logo que se converteu Célia aprendeu que sua doença era causada por fatores espirituais. Foi exorcizada em diversas sessões de libertação e ensinada que, pela fé, deveria largar os remédios e "tomar posse" de sua cura.

Ela chegou a essa igreja em cadeira de rodas. A fraqueza muscular a impedia de andar e se movimentar. Nessa época, a igreja tinha poucos membros e não era nacionalmente conhecida como é hoje. Recorda-se que fora àquela congregação porque não gostava da teologia da igreja batista que visitava, perto de sua casa. Ali, ouvia os pastores dizerem que Cristo fez milagres apenas nos tempos bíblicos, e agora ele não mais agia da mesma forma. "Eu queria um Jesus que me curasse hoje. Acabei mudando de igreja, a convite de uma amiga."

> Logo que se converteu, Célia aprendeu que sua doença era causada por fatores espirituais.

Os novos irmãos começaram a interceder fervorosamente por sua cura, usando frases sempre muito contundentes, como "em fé, você já foi curada" e "Jesus levou sobre si todas as suas enfermidades". Célia lembra que nessa época possuía uma fé inabalável e estava certa de que ficaria livre daquele mal.

Sua convicção era tal que ela se engajava em todas as campanhas e jejuns por causas humanamente impossíveis. Numa dessas ocasiões, Célia passou 210 dias jejuando parcialmente, da meia-noite ao meio-dia, buscando a intervenção divina para sua saúde. Os pastores ensinavam-lhe nessa fase que as quedas frequentes que ela sofria por causa da fragilidade muscular eram, na verdade, rasteiras que Satanás lhe dava. "Minha cabeça ficava confusa, porque eu não conseguia entender um Deus que me amava, mas que permitia que demônios vivessem me dando tombos. Era meio incongruente, um Deus que o ama, mas que permite que o inferno fique sempre à espreita."

Entusiasmada com as ministrações e o novo fôlego espiritual que descobria, contudo, ela parou de tomar os remédios, para fúria dos médicos que acompanhavam seu tratamento. Célia recorda que melhorou muito nessa época. Os médicos diziam que ela estava louca, porque colocava em risco a própria vida. Ela rebatia dizendo-lhes que esperassem para ver de que o seu Deus era capaz. "Eu dizia para eles: vocês vão ver o que Deus vai fazer pela minha saúde. E, na verdade, Deus não fez nada que a medicina não tenha sido usada para fazer", admite agora, mais cética. O milagre que ela esperou por muitos anos simplesmente não aconteceu. Ao menos, não do jeito exato que ela o esperava.

> Célia lembra que nessa época possuía uma fé inabalável e estava certa de que ficaria livre daquele mal.

Célia saiu da cadeira de rodas graças a uma cirurgia para retirada do timo, uma glândula situada próxima ao coração que costuma ser removida em casos de miastenia gravis. "Eu melhorei graças à cirurgia, aos remédios, a minha força de vontade, ao amor de minha família e a Deus, que escreveu que eu não tinha de morrer naquele momento", acredita. Todas essas dádivas e até mesmo sua recuperação parcial poderiam ser vistas como pequenos milagres, dependendo do ângulo que se olhe. Mas os pastores continuavam dizendo que a cura completa só não ocorria porque lhe faltava fé.

Recém-formada em jornalismo, Célia começou a trabalhar como assessora de comunicação da igreja. Foi seu primeiro trabalho. Depois de alguns meses, pediu para ser remunerada, e os líderes disseram-lhe que ela estava trabalhando para o reino, e que Deus haveria de recompensá-la de alguma forma. "Eles diziam que eu estava trabalhando para o Senhor. A única ajuda era mandar um amigo vir me buscar em casa de carro."

As dúvidas que tinha com relação àquele tipo de teologia e ao caráter de seus líderes começaram a aumentar. Uma decepção irremediável ocorreu quando os pastores convidaram toda a congregação para uma conferência profética, na qual um homem de Deus "importado" da Europa viria falar. Prometia curas e milagres. O pregador era famoso mundialmente por derrubar as pessoas apenas com o toque de seu paletó, no poder do

Espírito Santo. Para aquele culto especial, ele já tinha mandado avisar que curaria surdos e mudos, porque tinha sido avisado pelo Espírito Santo.

Célia ficou emocionadíssima quando ouviu a notícia. Sua única irmã é surda e sofre de retardo mental, e Célia acreditou que tinha chegado o grande dia em que ela ficaria boa. A mãe de Célia, uma católica tradicional, também acreditou que Deus havia se lembrado dela.

O culto aconteceu diante de um auditório lotado. Os surdos e mudos foram chamados à frente, e lá estava a irmã de Célia, na primeira fila. Foi uma das primeiras a serem atendidas pelo pregador. Com uma coreografia própria e orações em alta voz, o pastor declarou sua cura e testou a audição da irmã, dando a impressão para a plateia de que ela agora podia ouvir. A mãe dava glórias a Deus, e Célia se desmanchava em lágrimas.

No final do culto, quando desceu do palco, a irmã continuava tão surda quanto antes. E Célia perdia um pouquinho de sua fé. Na semana seguinte, ao contar aos amigos da igreja que a irmã não havia sido curada, eles a acusaram dizendo que perdera a bênção simplesmente por ter duvidado dela.

Célia perdeu muitas outras bênçãos. Uma delas, inclusive, partiu-lhe o coração. Foi levada a crer que um rapaz por quem se interessara na igreja era o homem que Deus tinha reservado para ela e somente para ela. O pastor a incentivara a conversar com o jovem, dizendo que o Espírito Santo mostrava que ele seria a sua cara-metade, seu futuro marido. E assim ela o fez. Foi prontamente falar com o eleito, a princípio só lhe dando pistas de que orasse para Deus mostrar-lhe quem era a esposa prometida pelos céus.

No dia seguinte, o rapaz apareceu na igreja com uma namorada. Célia ficou furiosa. Chamou-o de carnal, de precipitado. Perdeu as estribeiras. Até ele entender que Célia é quem tinha tido suas expectativas frustradas. “Fiquei meses ali, esperando o rapaz terminar com a namorada para ficar comigo, numa atitude totalmente inadequada. Os irmãos me diziam que Satanás roubara minha bênção e que eu precisava lutar para recuperá-la."

O contratempo sentimental serviu para abrir-lhe os olhos. "Eu vi a minha doença. E a doença de todos ali envolvidos. Decidi sair da igreja depois desse acontecimento." Despertar para a própria imaturidade emocional foi quase tão doloroso quanto descobrir a inadequação moral de seus pastores.

Os irmãos me diziam que Satanás roubara minha bênção e que eu precisava lutar para recuperá-la.

Pouco antes da desilusão amorosa, Célia entrara em conflito com uma revelação sobre as finanças da igreja. O pastor tinha convocado a congregação a contribuir mensalmente para a compra de um prédio onde estabeleceria uma nova comunidade. O valor necessário para a aquisição, que serviria, segundo ele, para "ganhar o centro de São Paulo para Jesus Cristo", era de dois milhões de reais. Uma campanha fora lançada, e os fiéis contribuíam sem vacilar, apostando na visão evangelística daquele negócio.

Numa manhã em que tomava sol na piscina de seu prédio, Célia conheceu uma advogada, a quem convidou para ir à igreja. Quando esta soube de qual igreja se tratava, foi logo dizendo: "Fechamos o pior negócio do mundo com esse seu pastor". Célia ficou desconcertada. A advogada garantia que havia representado os donos do local na venda do prédio por oitocentos mil reais, à vista. Ou seja, 1,2 milhão a menos da quantia que o pastor estava angariando.

* * *

Quando saiu da igreja, Célia precisou, como vários outros personagens deste livro, da ajuda de um terapeuta para recobrar o equilíbrio. Estava num redemoinho emocional, perdida em meio a muitas dúvidas. "Não sabia quem eu era. Filha de Deus, mas com o demônio sempre ao meu encalço. Estava curada, mas não via isso na prática. Minha família era boa, mas não tinha fé, o que a tornava má. Era uma crise de identidade muito forte. Era só confusão."

Sofri muito preconceito porque eu questionava e me encontrava num tipo de busca que os outros não compreendiam.

Célia visitou outras igrejas, mas em cada uma identificava idiossincrasias e guetos. Tornou-se excessivamente crítica. "Percebi que as pessoas só queriam andar com outros cristãos, fazer negócios com cristãos, trabalhar em empresas de cristãos, comprar roupa em lojas de cristãos, ir a barzinho cristão. Isso é gueto, é uma doença. Deus nos mandou ser luz e sal no mundo, e não sair dele. Comecei a perceber que as amizades eram circunstanciais. As pessoas só eram suas amigas se você estivesse naquela igreja. Se saísse da igreja, deixavam de ser suas amigas. Você deixava de fazer parte da tribo. Sofri muito preconceito porque eu questionava e me encontrava num tipo de busca que os outros não compreendiam."

Célia estava quase um ano sem igreja quando conversamos. Ao receber-me em sua casa, ela atendeu-me à porta, de pé, e eu não poderia perceber que ela sofria de uma doença incurável se não tivesse me relatado sua dolorida história.

Entre todos os desabafos, Célia revelou-me que hoje acreditava que sua enfermidade poderia estar relacionada à raiva e ao ressentimento que surgiram quando ela descobriu que era filha adotiva. A amargura contra a mãe biológica e as fortes emoções dessa revelação já em idade adulta podem ter contribuído para seu adoecimento, ela acredita agora.

Conseguiu encontrar a mãe depois de um tempo e reescreveu uma parte importantíssima de sua biografia a partir daquele dia.

Ela morreria logo depois, e Célia ainda hoje digere as rupturas e decepções dos primeiros capítulos de seu drama familiar.

Seu tratamento está caminhando bem. Ela atribui boa parte do avanço alcançado à chamada terapia das constelações familiares, uma abordagem criada por um médico alemão católico que busca desembaraçar emaranhados nos relacionamentos familiares, tratando-os por meio de reconciliação e perdão.

Célia experimenta, a meu ver, o que Rubem Alves denomina "conversão: o processo de reestruturação ou reconstrução de esquemas interpretativos e de valor que pode se seguir à crise".[3] Como bem nota o escritor, "a conversão não é um fenômeno restrito à esfera da religião. [...] As técnicas de terapia são técnicas de conversão. O objetivo da terapia é sempre ajudar o paciente a construir uma nova estrutura de valores".[4]

Os clientes na empresa de Célia aumentam, e ela está noiva, com o casamento marcado.

"Hoje entendo que esta doença faz parte do meu destino, assim como algumas pessoas são cegas de nascença. Não preciso de igreja para nada, não preciso de amigos circunstanciais. Busco Deus o dia inteiro, o tempo todo. Procuro dar bom exemplo para minha família, ser boa filha, boa prestadora de serviços para meus clientes. Procuro ser uma pessoa do bem. Estou em paz com isso e estou sempre dizendo a Deus que ele pode contar comigo. Não quero mais participar de palhaçadas. Não tenho mais tempo nem gás para isso. Minha paciência com os evangélicos se esgotou."

Célia não perdeu a fé. A fé que, nas palavras de Tolstoi, "é o sentido da vida, aquele sentido em virtude do qual o homem não se destrói a si mesmo, mas continua a viver".[5]

[3] Rubem Alves, *Religião e repressão*, São Paulo: Loyola, 2005, p. 72.

[4] Idem, p. 73.

[5] Idem, p. 74.

9

Experimentei como a neurose altera a prática cristã do devoto, de modo que esta adquire traços neuróticos [...]. Os dogmas são monstruosamente ressaltados, transformando-se por vezes em fetichismo dogmático. Desta forma, de uma religião de amor, o cristianismo transformou-se, talvez até na maioria das vezes, em uma religião de angústia perante os dogmas. Deus, de um pai celestial amoroso, transformou-se — em épocas especialmente sombrias de um cristianismo coercitivo — num pai sinistramente dogmático.[1]

DURANTE QUASE TRÊS DÉCADAS, O PASTOR e psicanalista suíço Oskar Pfister (1873-1956) cultivou uma amizade peculiar com Sigmund Freud. Combatido nos meios teológicos e pedagógicos tradicionais, que consideravam sua abordagem nociva para os jovens crentes da época, Pfister foi um fervoroso defensor da psicanálise como instrumento de cura da alma, publicando mais de 200 escritos sobre o tema e também sobre religião, educação, filosofia e arte.

Filho de pai teólogo e estudante de medicina, falecido quando Pfister tinha apenas 3 anos de idade, e de mãe de herança pietista, um movimento alemão de origem puritana, o pastor Oskar Pfister travou contato com Freud por intermédio de Jung, em 1909, de quem também era amigo. Depois de enviar a Freud seu trabalho *Representações delirantes e suicídio de alunos*, para apreciação,

[1] Oskar PFISTER, *Cartas entre Freud & Pfister.*

os dois passaram a corresponder-se regularmente, desenvolvendo uma amizade que incluía visitas familiares mútuas e encontros em congressos de psicanálise.

A respeito desse relacionamento, a filha de Freud, Anna, descreve que "seu calor humano e entusiasmo, sua viva participação também nos fatos mínimos do cotidiano entusiasmavam as crianças da casa e faziam dele um hóspede bem-vindo em qualquer tempo, uma figura humana ímpar em seu modo de ser. Para elas, segundo um dito de Freud, Pfister não era um 'santo homem', mas um tipo de Flautista de Hamelin, que só precisava tocar seu instrumento para ter um bando inteiro obediente atrás de si".[2]

Um vislumbre dessa amizade singular entre um ateu convicto, inimigo da religião, e um cristão com mente aberta para as descobertas científicas de seu tempo pode ser encontrado no livro *Cartas entre Freud & Pfister*. A obra reúne uma parte da correspondência entre o criador da psicanálise e o pastor, no período entre 1909 e 1939. Apesar de suas diferenças radicais de visão de mundo, havia entre os dois admiração, respeito e uma sinceridade tocante na crítica contra suas posições discordantes, num exercício elegante de fraterna tolerância.

> Algumas das cartas tratam da possibilidade de conciliar religião e psicanálise. Em 1927, Freud publica seu livro *O futuro de uma ilusão*, em que trata "da minha posição totalmente contrária à religião — em todas as formas e diluições". Na carta em que anuncia o livro, Freud confessa que adiou o máximo que pôde o seu lançamento exatamente por causa do amigo — temia que a situação fosse constrangedora para Pfister. Da Suíça, Pfister responde que "sua rejeição da religião não me traz nada de novo. Um adversário de grande capacidade intelectual

[2] *Cartas entre Freud & Pfister*, Viçosa: Ultimato, p. 198.

é mais útil à religião que mil adeptos inúteis". E, no ano seguinte, escreve um livro — *A ilusão de um futuro* — para rebater as ideias de Freud.[3]

Visões diametralmente opostas, mas que contemplavam uma busca comum: a compreensão do ser humano e dos mecanismos que pudessem aliviar as dores da alma. Eram ambos, cada um à sua maneira, médicos de almas feridas.

Nesse rico diálogo entre os dois estudiosos, a visão crítica do "herege incurável" Freud contra a religião "em todas as suas formas e diluições" nos parece mais útil que a do amigo crente para tentar elucidar o fenômeno do abuso espiritual.

Psicanalista e pastor como Pfister, Sérgio Gouvêa Franco lidera a pequena Comunidade de Jesus, uma igreja de 150 membros, situada na zona sul de São Paulo. Franco, um pastor incomum, com uma visão evangélica "contracultural", também poderia ser criticado pelos fundamentalistas, como foi Pfister em sua época, por concordar com Freud em diversos pontos de suas teorias.

Quando conversamos a propósito do tema deste livro, ele ressaltou que não esperava que sua igreja fosse tomada como modelo de congregação sem problemas. Também foi claro ao enfatizar que está longe de ter todas as respostas para essas crescentes levas de cristãos aflitos que padecem nas mãos de lideranças abusivas. O tema, no entanto, o leva a refletir com frequência. Para ele, uma parte da explicação está no fato de que se está tratando aqui com uma das mais poderosas linguagens humanas: a da experiência religiosa, que toca algumas cordas do ser humano às quais poucos outros elementos têm acesso. "Você está lidando com fogo e gasolina", resume.

[3] Idem, p. 19.

Não por acaso, o médico de Viena dedicou-se até o fim da vida ao seu estudo, terminando por sentenciar que a religião é "o inimigo" e que tem o poder de neurotizar o ser humano.

> Freud empreendeu um ataque sistemático e sustentado contra a visão de mundo espiritual. Ele a atacou a marretadas. Escreveu que "os contos sobre milagres [...] contradiziam tudo o que foi ensinado pela observação sóbria e traíam claramente a influência da atividade da imaginação humana". Ele afirmava que as Escrituras "estão cheias de contradições, revisões e falsificações"; e dizia que nenhuma pessoa inteligente pode aceitar os "absurdos" ou "contos de fadas" dos crentes.[4]

Se Freud estivesse vivo e visitasse um de nossos templos evangélicos hoje, identificaria rapidamente uma característica que poderia associar à prática do abuso: o culto ao personalismo.

Se Freud estivesse vivo e visitasse um de nossos templos evangélicos hoje, identificaria rapidamente uma característica que poderia associar à prática do abuso: o culto ao personalismo.

"É uma marca forte e perigosa do neopentecostalismo", avalia Franco. Nas igrejas protestantes históricas, como a presbiteriana e a batista, ou mesmo na anglicana e na Assembleia de Deus, a igreja é, institucionalmente, mais importante que seus líderes. "Não quer dizer que elas não tenham líderes fortes. Mas a instituição fala mais alto. Com exceções, claro."

No neopentecostalismo, a vertente evangélica que mais cresce no Brasil, é comum o pastor líder ou, em muitos casos, o casal fundador da igreja, tornar-se mais influente que a instituição. A

[4] Célia de Gouvêa Franco, "O amigo discreto de Freud", *Folha de São Paulo*, 6 de set. de 1998.

palavra deles vira lei. O que eles dizem, muitas vezes de forma aleatória, passa a ser verdade absoluta. "Se você somar a potência da religião, o apelo das ferramentas de mercado próprias ao neopentecostalismo e o culto ao personalismo, terá um ambiente ideal para a proliferação do abuso."

Por que o Brasil parece ter se tornado um campo fértil para o desenvolvimento desse tipo de liderança personalista?

Dois capítulos do livro *Psicologia das massas e a análise do eu*, de Freud, ajudam a entender essa questão. Num deles, o psicanalista discute o papel do exército, e no outro, o da igreja. Em resumo, Freud afirma que nesses grupos sociais o líder sempre encarna o ideal do grupo. Quanto mais esse líder se identifica com essa idealização, mais poder tem de expressar a coesão do grupo. Em outras palavras, ele se legitima enquanto a pessoa que garante a unidade daquele corpo. "Isso é muito importante para entender o mecanismo que está em circulação nessas igrejas de onde saem muitos feridos", acredita Franco.

Freud vai além e avalia ainda que a religião tem em si um elemento infantilizante. Segundo o pensamento psicanalítico, o ser humano empreende um esforco hercúleo para tornar-se adulto e passar a responder pela própria vida. Enquanto criança, ao menos nas famílias ideais, um casal provê às necessidades físicas e emocionais dela, cuida dos detalhes de seu conforto e bem-estar. Crescer fica para uma segunda etapa.

"Freud diz que esse relacionamento entre a criança e seus pais acaba se transformando em modelo para o relacionamento das pessoas com Deus. Ou seja, você vai imaginar quem seja Deus, emocionalmente, sentir Deus, pensar sobre Deus, relacionar-se com Deus sempre à luz dos relacionamentos com as pessoas que foram mais importantes para você na infância, que em geral foram seus pais", explica Franco.

Sob essa ótica, Freud argumenta que muitas vezes a religião perpetua a imaturidade, porque o fiel, ao transferir para o sagrado esse relacionamento de dependência paterna, dificulta sua passagem para o difícil universo dos adultos.

"Ele descreveu a visão de mundo espiritual como uma 'distorção da imagem do mundo real de uma maneira desiludida [delusional] [...] e [...] que fixa as pessoas à força em um estado de infantilismo psicológico", escreve o psiquiatra Armand Nicholi Jr, em *Deus em questão — C. S. Lewis e Freud debatem Deus, amor, sexo e o sentido da vida.*[5] Nicholi acrescenta:

> Freud afirma que os desejos profundamente assentados que nós projetamos em um conceito de Deus provêm de nossa primeira infância. O primeiro entre eles é o sentimento de impotência que o indivíduo carrega até a idade adulta. Freud escreve: "Em termos biológicos, a religiosidade deve ser atribuída à impotência prolongada da criança pequena e sua necessidade de ajuda". Ele argumentava que todos nós compartilhamos de um desejo menos consciente, mas muito forte, de proteção dos nossos pais, especialmente do pai. Ao nos tornarmos adultos, continuamos nos sentindo impotentes quando nos vemos confrontados com as grandes forças da vida. Então criamos uma figura semelhante àquela que nos protegeu na infância.[6]

Esta é, na explicação do pastor Sérgio Franco, a essência da crítica de Freud à experiência religiosa. "Como o crente quer ser cuidado infantilmente, ele elege Deus para cuidar dele. Ou, então, vai encontrar pessoas que representem Deus para exercer esse cuidado."

[5] Viçosa: Ultimato, p. 47.

[6] Idem.

Casais de pastores que se enxergam numa posição divinamente atribuída de guias e protetores de uma congregação passam a substituir, segundo essa linguagem do inconsciente humano, o protagonismo paterno e também o divino. Em troca, eles adquirem um poder extraordinário sobre a vida de suas ovelhas. "Eu não diria que isso acontece de forma consciente. Mas se trata de um mecanismo inconsciente de imaturidade emocional severa. Nesse sentido, eu diria que todo mundo é vítima. Inclusive os líderes", afirma Franco.

> Como o crente quer ser cuidado de modo infantil, ele elege Deus para cuidar dele. Ou então vai encontrar pessoas que representem Deus para exercer esse cuidado.

Como consequência dessa troca de papéis, as lideranças pagam um preço altíssimo. São forçadas a levar uma vida idealizada e sem falhas. Tornam-se onipotentes, como se tivessem a capacidade de proteger milhares de adultos colocados sob sua "autoridade espiritual". "É um mecanismo infantil, que garante a coesão do grupo, altamente idealizado, onde o que vai sendo adiado é o amadurecimento pessoal", avalia o pastor psicanalista.

Desse processo de amadurecimento, fazem parte elementos que os neopentecostais rejeitam, como demônios que fogem da cruz: sofrimento, dor, doenças, perdas financeiras e de pessoas queridas, enfim, os muitos constrangimentos próprios da caminhada humana.

Visão limitada

Embora carregue muitas verdades, a visão de Freud foi rebatida por intelectuais, como o próprio Pfister, que contra-argumentava que o colega psiquiatra só conhecia religiosos neuróticos. Era uma visão limitada, dizia Pfister.

C. S. Lewis, escritor aclamado e professor da Universidade de Oxford, um ateu convertido ao cristianismo já em idade adulta, também a contesta com veemência, em diversas ocasiões. Se Freud acreditava que a base para nossa fé em Deus estava na necessidade de preencher um desejo profundamente assentado de proteção (que ele chama de *wish fulfillment*), Lewis o contraria ao perceber que:

> [...] a visão de mundo bíblica envolve grande parte de desespero e sofrimento, e isso certamente não é nada que uma pessoa possa *desejar*. Ele argumenta que a compreensão dessa visão começa com a conscientização de que estamos numa profunda enrascada, que transgredimos a lei moral, tornando-nos necessitados de perdão e reconciliação. Ele escreve que essa visão só começa a fazer sentido "depois que você tenha se dado conta de que há uma lei moral verdadeira, e um Poder por trás dessa lei, e que você quebrou essa lei e está em dívida com esse Poder.[7]

Paul Tillich, considerado por muitos o maior teólogo cristão do século XX, concorda com Freud sobre alguns aspectos negativos da religião. Mas, em seu clássico *Teologia sistemática*, ele afirma que a religião também pode ser do bem.

"Tillich afirma que as abordagens mais fundamentalistas são mais doentias do ponto de vista psicodinâmico e psicossocial, enquanto aquelas que ele chama de mais legítimas são integradoras", explica o pastor Sérgio Franco.

Com essa visão mais positiva concorda Paulo Dalgalarrondo, professor titular de psicopatologia da Universidade de Campinas (Unicamp), autor de *Religião, psicopatologia & saúde mental*. "A literatura médica mostra que, em geral, o envolvimento com a religião tem um efeito positivo sobre a saúde mental das pessoas.

[7] Idem, p. 52.

Efeitos negativos são observados em minorias, em grupos mais radicais e em seitas", comenta.

A passagem da espiritualidade sadia para a neurótica ou doentia pode bem acontecer com a ajuda dos ministros religiosos que, imbuídos de um sentimento onipotente e infantil, cultivam de púlpito o espírito do triunfalismo, como se a vida fosse uma aventura sem percalços. "Este é um projeto condenado à falência. Não é possível a nenhuma igreja, a nenhuma religião, nem a homem algum garantir que nada de mal vá acontecer a seus fiéis", avalia Sérgio Franco.

Esses pastores desvairados e imaturos, quando confrontados com a realidade do mal, gostam de ir logo colocando a culpa na congregação. "Quando essa oferta de sucesso total não se cumpre, o líder culpa os fiéis por rebelião ou por terem algum pecado oculto", diz Franco.

O pastor profetizou que no ano que vem a igreja terá dez mil membros. Se ela atingir apenas mil, é porque há pecado no meio do povo.

Negar que as más notícias um dia chegam é negar, em última instância, o relato da própria paixão de Cristo. "As narrativas sobre a morte de Jesus ocupam desproporcionalmente os capítulos do evangelho. Não existe negação de sofrimento", observa Franco.

O pastor profetizou que no ano que vem a igreja terá dez mil membros. Se ela atingir apenas mil, é porque há pecado no meio do povo.

O projeto de redenção aparentemente fracassa. E, para muitos, realmente fracassou. Na última hora, Judas o trai, Pedro o nega, e todos os outros discípulos fogem com medo das autoridades. Decepção pairando no ar, como uma vasta nuvem de chumbo.

O evangelho não esconde, portanto, a dureza da traição, a crueldade do abandono paterno, do assassinato de inocentes.

Não dá de ombros aos momentos de perplexidade, de horror, que todos enfrentamos. Eles estão aí, estampados nas manchetes dos jornais.

Contudo, sua mensagem final é de esperança. O recado que fica é que, apesar de todas as incertezas e tropeços, das aparentes derrotas e desilusões, o mal não tem a última palavra, pois existe ainda o mistério da ressurreição. Um conceito que provavelmente Freud acharia bom demais para ser verdade.

10

Pássaro preto que canta ao cair da noite
Pegue essas suas asas partidas e aprenda a voar
Toda a sua vida
Você esperou por este momento
Voa, pássaro preto, voa[1]

Linda, leve e "legalmente loira", a atriz Reese Witherspoon, uma *bombshell* de Hollywood, esteve no Brasil em 2008 para promover uma campanha pelo fim da violência doméstica. "É chocante que um bilhão de mulheres no mundo inteiro — uma em cada três — sejam afetadas pela violência em algum momento da vida. Na América Latina, entre 30 e 40% de todas as mulheres com mais de 15 anos já sofreram algum tipo de violência dentro da própria família", afirmou a atriz, conhecida por seus papéis em filmes como *Johnny e June* e *Legalmente loira*.

A convite de uma multinacional do setor de cosméticos, a atriz também ajudou a divulgar as mudanças de postura no país obtidas a partir da Lei Maria da Penha, que completara dois anos de existência em agosto daquele ano. A lei alterou profundamente a forma de tratamento que a Constituição dá ao agressor de mulheres no Brasil, punindo-o com até três anos de detenção.

[1] Lennon e McCartney, *Black Bird*.

Sancionada no dia 7 de agosto de 2006, ela criou instrumentos para coibir a violência doméstica que, segundo a Organização das Nações Unidas (ONU), é tão grave que se tornou um problema de saúde pública em vários países.

No Brasil, a Lei Maria da Penha, inspirada na história da farmacêutica bioquímica Maria da Penha Maia Fernandes,[2] é um avanço na proteção ao direito da mulher ao permitir que o acusado tenha prisão preventiva decretada ou mesmo seja preso em flagrante, perdendo o direito de aproximar-se da vítima. Depois que a lei entrou em vigor, o número de denúncias de agressões contra mulheres no país multiplicou-se. Em 2008, segundo a Secretaria Especial de Políticas para as Mulheres, a central de atendimento registrou 270 mil relatos de maus-tratos e atendimentos, comparados a 205 mil no ano anterior, uma alta de 32%.

> Em 2008, a Secretaria Especial de Políticas para as Mulheres registrou 270 mil relatos de maus-tratos e atendimentos, comparados a 205 mil no ano anterior, uma alta de 32%.

As Nações Unidas definem violência contra a mulher como: “Qualquer ato de violência baseado na diferença de gênero, que resulte em sofrimentos e danos físicos, sexuais e psicológicos da mulher; inclusive ameaças de tais atos, coerção e privação da liberdade seja na vida pública seja privada”.

Em 1993, a Assembleia Geral das Nações Unidas aprovou a “Declaração da Eliminação da Violência contra a Mulher”,[3] o primeiro documento internacional de direitos humanos focado exclusivamente na violência contra a mulher. Tal documento afirma que esse tipo de violência viola e degrada os direitos humanos femininos em seus aspectos fundamentais de liberdade.

[2] Veja <http://pt.wikipedia.org/wiki/Maria_da_Penha>.

[3] Veja <http://www.un.org/esa/gopher-data/esc/cn6/1986-93/e1993-27.en>.

Em 1995, a "Plataforma por Ação de Beijing"[4] (da Quarta Conferência Mundial da Mulher) chamou os governos a condenarem a violência contra a mulher e eliminarem alegações baseadas em tradições, costumes e religião como desculpa por se manterem afastados de suas obrigações com respeito à "Declaração da Eliminação da Violência contra a Mulher".

A legislação avançou, a sociedade está mais atenta e clama por punição. Atrizes de Hollywood deixam o conforto de suas mansões para engajar-se na causa em países em desenvolvimento. A consciência cresce em diversas frentes. Mas, na casa de Deus, muitas coisas nunca mudam.

Alguns pastores ainda não se deram conta dessa realidade social. Quando se trata de lidar com os problemas femininos, muitos ainda se encontram na idade da pedra. Talvez eles não conheçam a Lei Maria da Penha, ou nem saibam o que é a ONU. Talvez não leiam jornais. Talvez só leiam a Bíblia. E, das Escrituras, só pincem as passagens que lhes convêm na hora de orientar senhoras com problemas de violência doméstica. Uma prática que, até para as leis dos homens, que muitas vezes são falhas, configura crime.

A consciência cresce em diversas frentes. Mas, na casa de Deus, muitas coisas nunca mudam.

Infelizmente, isso acontece o tempo todo. A ovelha agredida procura o gabinete pastoral e ouve aquela conhecida passagem que diz que a mulher deve submeter-se ao marido.[5] Ela fica confusa. Sente-se desamparada, em conflito. Por que devo cumprir o

[4] Veja <http://www.un.org/womenwatch/daw/beijing/platform/index.html>.

[5] Efésios 5:22-23 afirma: "As mulheres sejam submissas ao seu próprio marido, como ao Senhor; porque o marido é o cabeça da mulher, como também Cristo é o cabeça da igreja". No versículo 25, diz ainda: "Maridos, amai vossa mulher, como também Cristo amou a igreja e a si mesmo se entregou por ela".

mandamento se meu marido não faz a parte dele? Se, em vez de me amar e de "entregar-se por mim", me espanca?

Ironicamente, esses pastores ignoram o Código Penal. O mesmo Código Civil que eles usam, por exemplo, quando exigem que um casal se case "segundo a lei dos homens" e que os leva a rejeitar no convívio da igreja casais que se uniram apenas no regime de união estável.

Muitos também são reconhecidamente machistas. Ensinam as mulheres a aceitar toda ordem do cabeça. Mas não ensinam o cabeça a honrar a mulher e a entregar-se por ela, como Cristo também ordenou.

Quando paro para pensar, a ordem dada ao marido me parece ainda mais difícil de cumprir, porque fala de um amor sacrificial, de um cuidado incondicional e que implica rendição.

O pastor da igreja batista regular que Neuza frequentou desde menina, em São Paulo, é um desses líderes evangélicos que sabem de cor o mandamento que fala da necessidade de submissão feminina ao "cabeça" da família. Todas as vezes que Neuza o procurou para contar que seu marido a agredia fisicamente, ouviu dele que ela precisava mudar, que tinha de se submeter. Neuza devia estar fazendo alguma coisa errada, sugeria o pastor. Ela precisava fazer o marido sentir-se como se "fosse o homem da casa". Se ela fosse rebelde a esse mandamento, estaria em desacordo com a Palavra de Deus. "Se eu ainda estivesse naquela igreja, estaria apanhando até hoje", acredita ela.

> Se eu estivesse naquela igreja, estaria apanhando até hoje.

Para aquele pastor, Neuza apanhava talvez porque estivesse tomando as rédeas da família, assumindo um papel que cabia ao homem, o que humilhava o marido. Neuza e Mark eram missionários ligados à igreja havia muitos anos, trabalhando integralmente ali e dependendo financeiramente da instituição. Ela o conheceu no último ano do seminário teológico, nos Estados Unidos, onde estudou, custeada pela matriz da própria igreja, que fica nesse país.

Mark, na ocasião, já era pastor de uma igreja tradicional americana. "Não era um homem estourado. Era supercalmo. E isso é um perfil muito perigoso. Ele era um negro alto, um homem enorme. A mão era pesada. Quando ele batia, era pra valer."

Ela lembra que a princípio tentou seguir o conselho do pastor e passou ao marido, por exemplo, a organização das finanças da família. "Foi um horror. Cheques começaram a voltar, e a situação, que já não era de folga, ficou ainda pior."

Quando se lembra do passado, ela diz que, por Mark ser pastor e por tê-lo conhecido em um seminário, nunca questionou sua integridade. "Hoje vejo que o fato de alguém ser chamado de pastor não significa nada, porque há falta de caráter em todos os âmbitos. Consigo ver minha falta de sabedoria e de experiência. Aprendi isso a duras penas."

Desde menina, Neuza sentia-se devedora das ações sociais daquela congregação. Filha de pais pobres, negra, moradora em um bairro de classe média baixa na capital paulista, Neuza foi "adotada" financeiramente por um missionário americano ligado à Igreja Batista Regular, que investiu em sua educação, conseguindo-lhe uma bolsa de estudos para fazer o colegial e o curso superior nos Estados Unidos.

A influência desse ministro de Deus foi fundamental para que ela construísse a vida confortável que tem hoje. Com a ajuda desse missionário e da igreja, formou-se em música, pós-graduou-se em educação e concluiu um curso teológico de missões na Califórnia, dando um salto de formação que jamais teria sido possível se não tivesse conhecido aquele homem de Deus. "Eu queria investir um pouco na Batista Regular. Inconscientemente, sentia que tinha uma dívida com eles."

Entretanto, a mesma igreja que muito a abençoou socialmente quase a destruiu emocionalmente. Neuza decidiu divorciar-se do marido depois de quatro anos de um casamento atribulado. O relacionamento com o seu líder, que sempre a aconselhara a submeter-se, ficou mais delicado. Na verdade, ele era o "segundo" pastor, não o principal.

A doutrina da igreja não admitia o divórcio em nenhuma hipótese e também não permitia que mulheres ocupassem cargos ministeriais ou que orassem publicamente. Como era formada em música, Neuza despontava, nessa época, como aspirante a regente do coro da igreja. Isso incomodava aquele pastor.

Uma semana antes do Natal, no fim da década de 90, um fato inusitado colocou-a numa situação constrangedora. Para sair dela, precisava aconselhar-se com aquele líder, a quem passara a responder como regente do coral.

A esposa de um dos membros do coro tinha confidenciado a Neuza que desconfiava que seu marido estava tendo um caso de amor com uma das jovens do grupo. A senhora havia ameaçado dar um escândalo na noite de Natal caso a cantata que eles estavam ensaiando fosse apresentada. Descontrolada, ela queria que o evento fosse cancelado.

Neuza não sabia o que fazer diante do escândalo em potencial e foi pedir orientação ao ministro. Ele ouviu a história atentamente e pediu um tempo para analisar a situação.

No domingo seguinte, após o culto, o pastor subiu ao púlpito e pediu aos membros da igreja que não fossem embora. Ele convocou uma assembleia extraordinária para discutir um assunto urgente. Neuza estava presente e não sabia do que se tratava.

Com ar grave, ele comunicou à congregação que proporia a exclusão de um dos membros. Para estupefação de Neuza, ele relatou publicamente o que ela lhe contara em confidência, e alegou que se tratava de um caso de calúnia contra um irmão da comunidade, que tinha de ser punido cabalmente. Acusou-a explicitamente de "levantar falso testemunho" contra membros da própria igreja e afirmou que, biblicamente, nenhum irmão deveria mais "associar-se" a ela.[6]

> O pastor acusou-a explicitamente de "levantar falso testemunho" contra membros da própria igreja e afirmou que, biblicamente, nenhum irmão deveria mais "associar-se" a ela.

Convocou uma votação imediata para sua expulsão. A congregação votou com o pastor. Ninguém questionou nem a forma nem o conteúdo da situação. "Nenhuma dor foi tão forte como essa. Nem a dor do divórcio. Nem a dor do câncer, que viria depois."

Depois da votação, os líderes ainda exigiram que ela pedisse perdão à igreja publicamente. "Eu era uma mulher divorciada. Uma mulher que tivesse um marido não seria tratada dessa forma. Foi puro preconceito", ela avalia. "Divorciada, negra, liderando o coro. Havia uma fúria na cabeça daquele líder contra o que eu representava."

Algum tempo mais tarde, Neuza recobrou-se, apoiada por outra comunidade à qual visitava ocasionalmente e onde servia como voluntária. Ali, encontrou pastores que a apoiaram e a acolheram.

As agressões físicas podem ter cessado temporariamente, depois da separação, mas as feridas na alma eram muitas. Ela entendeu que precisava de ajuda profissional, precisava fechar para balanço. Um terapeuta colaborou com uma compreensão mais profunda de seu histórico de abuso e foi fundamental para que ela pudesse admitir, como o faz hoje abertamente, que tem uma

[6] Veja 1Coríntios 5:11, que diz: "Mas, agora, vos escrevo que não vos associeis com alguém que, dizendo-se irmão, for impuro, ou avarento, ou idólatra, ou maldizente, ou beberrão, ou roubador; com esse tal, nem ainda comais".

personalidade codependente. "Só alguém muito doente para ficar sob esse jugo de abuso físico e de religiosidade. Não se pede perdão por uma coisa que não se fez, como eu fiz diante da congregação. Eu tinha essa necessidade de estar sempre bem com as pessoas. Fui procurar ajuda e percebi que era doente."

Neuza acredita que o câncer diagnosticado alguns anos após o divórcio foi uma resposta do corpo a tantas dores mal equacionadas. Ela perdeu um seio depois do tratamento.

Neuza prossegue em seu relato emocionado:

> Sempre vai haver alguém que abusa. Mas a resposta equilibrada é a chave. Saber equilibrar o perdão que precisamos oferecer e o respeito a quem somos. Meu erro foi ter ficado tanto tempo naquela igreja, mesmo enxergando que o líder era uma pessoa desequilibrada e que tinha sede de controle. Qualquer pessoa emocionalmente sadia perceberia o abuso e sairia dali bem antes. Mas a minha codependência me fez ficar lá sofrendo, sofrendo. Como no casamento. Eu consigo hoje perceber o meu traço codependente.
>
> A doença em si teve a ver com a minha resposta errônea ao abuso. Ninguém me fez ter câncer. Eu me sinto responsável pela doença, porque não me posicionei contra aquelas pessoas. Pelo fato de ter sido criada no meio evangélico, meus relacionamentos eram sempre verticais. Você me manda fazer, eu faço. Até mesmo pela questão financeira, de ter sempre sido bancada pela igreja. Eu era bancada no ministério. Eu tinha, desculpe a expressão, o rabo preso.
>
> Todo meu crescimento foi dentro de um grupo religioso disfuncional. E eu queria ser aceita por eles. Esse legalismo mexe com a sua vida toda. Mexeu com a minha formação pessoal. Eu cresci pensando num Deus vingativo, que não deixa você fazer nada. Lembro-me de ter chorado, soluçando, quando entendi, já

adulta, que Deus é um Deus que ama. Que eu sou amada por ele. Só que aí o seu *hard drive* já está feito. Essa experiência é libertadora, mas muda só o programa. A sua formação foi feita em cima daquele legalismo. Tenho de me policiar constantemente.

Para Karl Kepler, presidente do Conselho Brasileiro de Psicólogos Cristãos, a igreja se esmera em imprimir neuroses nos cristãos ao reforçar o caráter falso de um Deus legalista, que se relaciona com servos como se precisasse sempre adestrá-los. Um dono do mundo que está ensinando pacientemente pessoas rebeldes como elas devem se portar na travessia do deserto até que se tornem suficientemente justas para, enfim, alcançar a terra prometida. "O modelo que prevalece é o de um servo se relacionando com seu senhor, e não o de um pai lidando amorosamente com seu filho. A cultura é a do medo."

O modelo que prevalece é o de um servo se relacionando com seu senhor, e não o de um pai lidando amorosamente com seu filho.

* * *

A autoanálise sóbria de Neuza foi transcrita literalmente por parecer útil aos que estão lutando com traumas causados pelo abuso de poder e pelo legalismo de lideranças pastorais. E também porque considero Neuza uma vencedora. Ao contrário de outros feridos, ela conseguiu deixar para trás as coisas que passaram e está empenhada numa reprogramação mental por meio de uma leitura saudável da Bíblia.

Ao contar sua história, Neuza não transmite amargura nem rancor, como muitos com quem conversei. Em alguns instantes, quando lembra situações extremas e absurdas de legalismo, ela solta uma gargalhada deliciosa e grave, com seu timbre de contralto. “A gente precisa se levantar e cuidar da vida pós-abuso. Hoje eu consigo ler a Bíblia não mais daquele jeito doente.”

A terapia foi fundamental para recobrar a sanidade, afirma Neuza. Ajudar outras pessoas também. Ela coordena um grupo de recuperação de codependentes, o que lhe dá munição adicional contra a autocomiseração. O grupo baseia-se nos doze passos dos Alcoólicos Anônimos. “É como se eu estivesse me convertendo de novo.”

A gente precisa se levantar e cuidar da vida pós-abuso. Hoje eu consigo ler a Bíblia não mais daquele jeito doente.

11

O Deus da paz nunca é glorificado pela violência humana.[1]

QUANDO ESTÁ NA ESCOLA, COPIANDO UMA LIÇÃO, e as palavras que escreve escapam para cima da pauta, o pequeno Milton costuma ouvir uma voz que lhe diz: "Assim Jesus fica triste". Quando o que ele escreve sai um pouco abaixo da linha, ele escuta a voz dizer: "O diabo gosta assim".

Milton é o nome fictício de um jovem paciente da psicóloga Esther Carrenho, psicoterapeuta paulista, autora de *Raiva — seu bem, seu mal*,[2] entre outros livros em que relata os traumas de uma caminhada cristã desajustada.

Há trinta e dois anos na prática de aconselhamentos em comunidades cristãs, doze dos quais como psicóloga, Esther conhece muitas pessoas que sofreram com lideranças ou estruturas religiosas abusivas. Vários de seus pacientes trazem para sua sala relatos amargos e passam anos ali em busca de ajuda para equacionar questões antigas. Fui procurá-la porque queria saber que aspectos comuns esses pacientes apresentavam e se seria possível delinear um perfil psicológico da vítima de abuso religioso.

[1] Thomas MERTON, *No Man is an Island*, Boston: Shambala Library, 2005, p. 208.
[2] São Paulo: Vida, 2005.

Esther foge de generalizações, mas afirma que pessoas submetidas a abuso espiritual costumam possuir uma fé genuína, e se dedicam a desenvolver essa cosmovisão transcendental na qual acreditam. Elas creem verdadeiramente que o cristianismo é um caminho novo e faz diferença na vida daquele que passa a trilhá-lo.

> Muitas das pessoas que sofreram abuso vieram de um lar ou de uma estrutura social marcada pelo autoritarismo.

Outra característica comum a esses pacientes é que muitos vieram de um lar ou de uma estrutura social marcada pelo autoritarismo. "São pessoas que obedecem com facilidade ou porque vieram de um lar onde não havia liberdade, ou porque eram filhos da ditadura, por exemplo", explica Esther. "Governo, igreja e família são elementos muito fortes. Se você quiser conhecer as famílias de um país, conheça primeiro o seu governo. Numa ditadura, existe um ambiente de violência estabelecido. Eu mesma sou uma filha da ditadura, aprendi a não questionar nada, a simplesmente obedecer", desabafa a psicoterapeuta.

Outros foram criados numa atmosfera familiar castradora, recebendo uma orientação religiosa inquestionável, porque, afinal, não se questiona Deus. Nesses ambientes, dá-se ênfase à necessidade de reverência à figura do sacerdote, que deve ser visto como santo. Estruturas familiares opressivas, onde prevalece a violência física, também produzem em seus membros a tendência de buscarem relacionamentos onde possam reproduzir o abuso. Afinal, é esse o cenário familiar ao qual se habituaram desde pequenos.

Experiências de abuso de autoridade deixaram cicatrizes na alma desses pacientes, segundo Esther. Alguns passam a usar máscaras e viver uma vida dupla. Não desenvolvem autonomia, não têm responsabilidade pelas próprias escolhas. "Aliás, muitas pessoas assim nem têm recursos para poder escolher. Tudo precisa ser submetido à liderança eclesiástica, pois não são mais capazes de avaliar por si mesmas o que é certo."

Romper esse padrão é bastante trabalhoso, afirma a psicoterapeuta. Ela conta que muitos pacientes, quando decidem, por exemplo, abandonar um marido violento ou sair de uma igreja legalista, não aguentam ser confrontados mais tarde. "Se alguém questiona a decisão que tomou, ele diz: 'Eu fiz terapia, e a minha terapeuta me falou para fazer isso'. A pessoa não se dá conta de assumir que aquilo é o que ela mesma queria. Ela se torna fraca, um joguete nas mãos dos outros."

Esconder-se atrás de um autor de abuso pode produzir inúmeras patologias.

A vítima de abuso nem sempre tem coragem de procurar ajuda na psicoterapia. "Ela fica ali mesmo, estagnada, pois não sabe se relacionar de outra forma", afirma Esther.

Esconder-se atrás de um autor de abuso pode produzir inúmeras patologias: depressão, úlceras, gastrites, fibromialgias, síndrome de intestino irritado e fadiga crônica. Somatizar o abuso, na opinião de Esther, é um dado positivo, porque mostra que o corpo está ativo, trabalhando para evidenciar que o trem está fora dos trilhos. Pior é quando o ferido é tomado pela paralisia, como aconteceu com Meg, uma de suas pacientes.

Meg é o nome fictício de uma jovem que sofreu de anemia profunda durante muitos anos. Filha de um homem muito violento, que a surrava e a seu irmão de modo aterrador, Meg acostumou-se a calar e permanecer sentada na soleira da porta de sua casa quando o pai ia para cima de seu irmão mais novo. Se ela o defendesse ou pedisse ajuda, apanhava junto. Aprendeu, assim, a responder com apatia às cenas de violência, e esse sentimento de terror e de impotência acompanhou-a durante toda a juventude.

Quando a anemia foi diagnosticada, passou por vários médicos, mas nenhum deles conseguia achar um remédio que lhe fosse eficaz. Até que foi aconselhada a procurar ajuda psicoterapêutica. Depois de um período de tratamento, ela começou a compreender que havia permanecido, segundo Esther, "na soleira da porta" durante toda a vida. O medo a mantivera presa àqueles degraus imaginários. A doença era uma ilustração de sua condição emocional.

Meg conseguiu associar sua enfermidade a seu histórico familiar com a ajuda da terapia, mas a maioria, segundo Esther, não consegue fazer essa conexão entre o mal físico e o abuso emocional ou espiritual. "Nem todos percebem."

Esther conta outro caso, o de um colega psiquiatra que teve de disfarçar o remédio que indicou para a esposa de um pastor que estava com depressão. Ele receitou um antidepressivo, mas não lhe contou do qual se tratava, porque, de outra forma, ela se recusaria a tomá-lo.

Sombras em Santo Agostinho

O filósofo, analista e doutor em Ciências da Religião Zenon Lotufo Jr. também acredita que a criança que aprende a obedecer à força e a ser boazinha na marra apresenta maior probabilidade de tornar-se um adulto tolerante a situações de abuso espiritual.

Lotufo acredita que a infância dá muitas pistas para compreender como os excessos na igreja atingem não apenas indivíduos de condição socioeconômica inferior, mas também pessoas como as que entrevistei, em sua maioria instruídas, de classe média ou média alta e de senso crítico apurado. Eu procurava entender o que levava indivíduos bem formados, educados e aparentemente lúcidos a se submeterem por tanto tempo a insultos, humilhação ou ambiente de trabalho opressivo. O que os impedia de enxergar a manipulação de seus líderes religiosos que, em nome de Deus, quebravam

A criança que aprende a obedecer à força e a ser boazinha na marra apresenta maior probabilidade de tornar-se um adulto tolerante a situações de abuso espiritual.

barreiras morais e éticas como se não devessem satisfação a ninguém? Por que eles não foram capazes de romper com tudo aquilo de imediato? Por que ficavam?

Lotufo nota que a tradição protestante sempre enfatizou o rigor na disciplina dos filhos. Diversas passagens bíblicas encorajam o uso da "vara" para induzir a obediência. Os provérbios do rei Salomão, o maior dos sábios, tratam disso com uma frequência constrangedora: "O que retém a vara aborrece a seu filho"; "A estultícia está ligada ao coração da criança, mas a vara da disciplina a afastará dela"; "Não retires da criança a disciplina, pois, se a fustigares com a vara, não morrerá"; "... a vara [é] para as costas dos insensatos".[3]

O uso excessivo desse instrumento de correção — que pode inclusive constituir abuso físico, crime previsto no Código Civil — aliado ao autoritarismo associado à figura de autoridade, pode ajudar a formar na personalidade da criança potenciais vulnerabilidades para o abuso, na opinião de Lotufo.

A infância de um famoso teólogo cristão é tomada como exemplo para ilustrar sua tese, e sobre esse assunto Lotufo escreveu um interessante artigo. *Sombras em Agostinho* trata de alguns aspectos negativos das ideias daquele que é um dos pensadores católicos que mais influenciaram os protestantes.

Lotufo avalia que Agostinho, ao estruturar pela primeira vez a doutrina da substituição penal — que em linhas gerais afirma que o pecado de Adão foi transmitido a seus descendentes, tornando, consequentemente, toda a humanidade culpada de desobediência e, portanto, merecedora de castigo —, reforçou como nenhum outro o peso da culpa sobre a raça humana.

Agostinho, portanto, colaborou com a percepção de que toda criança é má por natureza e, como tal, precisa ser corrigida.

[3] Provérbios 13:24; 22:15; 23:13 e 26:3, respectivamente.

"Agostinho rejeita a inocência moral das crianças e acha que a raiva, o choro e o ciúme são provas cabais do pecado original."

> A vara da correção, nesse aspecto, muitas vezes é sinônimo de surras violentas e frequentes, sempre com o "aval da Palavra de Deus".

Lotufo afirma que "isso produz um grande impacto na educação das crianças. Principalmente em famílias cristãs, que acreditam que toda criança tem de ser endireitada". A vara da correção, nesse aspecto, muitas vezes é sinônimo de surras violentas e frequentes, sempre com o "aval da Palavra de Deus".

> Muito do comportamento infantil que poderíamos classificar como manifestações de inclinação para o mal, não são, senão, a única forma que encontram de comunicar aos pais que estão sofrendo. Assim, uma criança que se mostra desobediente com a chegada de um irmãozinho, por exemplo, está, com isso, tentando pedir que seus pais a reassegurem de seu amor por ela.
>
> Perceber essa linguagem dos sentimentos, procurar paralelamente uma atitude firme que desestimule a repetição de comportamentos inconvenientes e transmitir-lhe a garantia de seu amor normalmente produzem resultados satisfatórios.[4]

Zenon Lotufo acrescenta ainda que "a vara era usada pelo pastor de ovelhas para conduzir, e não para espancar. Metaforicamente, é para guiar, não para bater. A forma de ler a Bíblia é que faz a diferença. Há passagens que simplesmente não são mais aplicáveis".

Ele acredita que se o certo fosse interpretar a vara literalmente, então literalmente também teria de ser tomada a passagem de

[4] *Sombras em Agostinho*

Deuteronômio 21:18-21, que ordena que os pais de filhos rebeldes os exponham ao apedrejamento público, sendo eles, inclusive, os primeiros agentes do assassinato. "Está ali, com todas as letras. Não se pode pegar o texto e aplicá-lo sem cogitar o que se sabe hoje em termos de psicologia e de medicina."

Lotufo admite que já usou o castigo físico em seus filhos e não descarta o emprego de umas boas palmadas em crianças birrentas, vez ou outra. Mas hoje, na vivência com os netos, enxerga um jeito mais elevado de convívio. "Muitas pessoas são educadas para nunca discutir o que a autoridade ordena ou desobedecer-lhe. A educação autoritária não admite nenhuma forma de desobediência nem questionamentos. As pessoas ficam sempre inibidas de perguntar, de ter dúvidas. Coloque o pastor no lugar da autoridade, e este passa também a ser inquestionável", analisa.

> A educação autoritária não admite nenhuma forma de desobediência nem questionamentos. As pessoas ficam sempre inibidas de perguntar, de ter dúvidas. Coloque o pastor no lugar da autoridade e este passa também a ser inquestionável.

Em seu artigo, Lotufo argumenta que Agostinho tinha um *background* de violência familiar que pesou na construção de sua personalidade. Esse homem que tanta importância teve na formatação de conceitos teológicos sobre a fé cristã revela em suas *Confissões* que sofria maus-tratos cruéis por parte de professores e dos pais, abusos que provavelmente afetaram a imagem que ele construiu de Deus e seu relacionamento pessoal com ele.

> Analisando as *Confissões* e os comentários sobre elas tecidos por teólogos e psicólogos em estudos relativamente recentes, o psicólogo e teólogo americano Donald Capps põe em relevo passagens em que Agostinho relata quanto sofreu, criança pequena, por causa dos espancamentos a que era submetido por seus

> professores, lento que era para aprender. À dor física e à angústia pela continuidade do castigo somava-se o sofrimento psicológico ao constatar que, longe de defendê-lo, os adultos, incluindo seus pais, riam-se de seus tormentos.[5]

Lotufo explica que a partir dessa experiência de abuso por parte dos professores e de não encontrar apoio nos pais, Agostinho passa a desenvolver um profundo sentimento de culpa — uma ocorrência comum em crianças vitimadas pelo abuso. É um mecanismo mental segundo o qual ela prefere assumir a culpa a achar que os pais é que são pessoas más. Essa vivência pode ter colaborado para a acentuação do peso da culpa em sua vida e maneira de pensar.

> Se a criança já nasce culpada, explica-se que ela nasça com doenças graves, com retardamentos mentais. Neste caso, Deus não pode ser tachado de injusto; afinal, ela é culpada e já nasce merecedora da punição. Isso tem um impacto grande na educação das crianças.

[5] *Sombras em Agostinho.*

12

Pastores são acusados de manter escravos em Minas[1]

Pastores evangélicos acusados de aliciar fiéis de São Paulo para o trabalho escravo em fazendas no sul de Minas Gerais podem ter a prisão preventiva pedida nas próximas semanas. Eles negam as acusações e se dizem vítimas de perseguição.

Cícero Vicente Araújo e Edmilson Pereira da Silva, pastores do Tatuapé (zona leste) que fundaram em 1998 a igreja *Jesus, a verdade que marca*, teriam movimentado R$ 10 milhões em bens adquiridos com doações não declaradas de fiéis paulistas. Eles compraram imóveis, terras, estabelecimentos comerciais, carros e rádios clandestinas em Minduri, Andrelândia, Caxambu, Cruzília e São Vicente de Minas. Eles foram indiciados por estelionato e ocultação de bens. O promotor de Caxambu (MG), Bergson Cardoso Guimarães, disse ontem que vai dar início à ação penal contra eles, denunciados à Justiça em abril pelas polícias Civil e Federal e a Promotoria. Eles arrebanharam ao menos 800 seguidores convencidos a trabalhar de graça em "refúgios espirituais no campo".

[1] "Pastores são acusados de manter escravos em Minas", *Folha de São Paulo*, 23 de ago. de 2006.

A reportagem foi ao sul de Minas após receber, no final de julho, as primeiras denúncias de ex-fiéis que abandonaram fazendas do grupo e se dizem enganados pelos pastores.

Eles contam ter vendido o que tinham para adquirir, com os pastores, terras e comércios registrados em nomes de pessoas sem ligação com a igreja. Também dizem que trabalhavam sem registro em carteira e recebiam só roupas e comida.

Outro lado

Por quatro dias, o pastor Estêvão Ribeiro disse que o pastor Cícero Vicente Araújo comentaria as denúncias e afirmou que a reportagem poderia visitar as fazendas. "Não temos o que esconder." No entanto, Araújo se recusou a conceder uma entrevista e a reportagem não pôde visitar as fazendas.

Ribeiro, por sua vez, disse que não há trabalho escravo e que a comida servida aos fiéis é boa. No *site* da comunidade www.cejvm.com.br, Araújo deixou uma mensagem, no final de 2005, quando começaram as investigações: "Colocamo-nos à disposição dos órgãos governamentais do nosso país e do Poder Judiciário para qualquer esclarecimento".[2]

Uma senhora que durante alguns meses esteve envolvida com a seita-alvo dessa reportagem procurou um pastor em São Paulo para pedir um conselho. Ela estava abatida por tudo o que tinha vivido nos últimos tempos, convencida que fora pelo pastor Cícero Vicente Araújo de que vender todos os seus bens e mudar-se para o interior de Minas Gerais era a única forma de escapar da ira divina, que se manifestaria em breve com a destruição de todas as grandes cidades do Brasil.

O pastor Araújo ensinou a essa senhora e pregava a seus fiéis que eles tinham de se mudar para o campo e levar uma vida mais

[2] Idem.

simples, desapegando-se das coisas materiais. Quando a notícia sobre a comunidade tomou a mídia, essa mulher caiu em si e resolveu voltar para São Paulo. Na conversa que teve com esse conselheiro, ela confessou que ainda não tinha se desligado formalmente da comunidade porque sentia medo. Deixar a igreja *Jesus, a verdade que marca*, segundo as "profecias" do pastor Araújo, seria entrar "debaixo de uma maldição".

O caso da seita foi parar na justiça, e a comunidade felizmente se dissipou antes de virar uma versão tupiniquim da tragédia ocorrida em 1978, na Guiana, quando o reverendo americano Jim Jones levou 909 pessoas, isoladas na comunidade agrícola de Jonestown, a cometer suicídio coletivo, guiadas por seus ensinos apocalípticos.

Por trás de notícias bizarras como essa, está, além do fanatismo, um estilo de governo. Um sistema hierárquico que consiste num verdadeiro convite ao abuso religioso. Esse tipo de regime autocrático, centrado na figura carismática do pastor evangélico, predomina nas igrejas mais novas, em especial nas pentecostais e neopentecostais. E, nelas, facilita a ocorrência de excessos de ordem financeira, emocional e psicológica.

Por ter uma organização mais democrática, com estabelecimento de conselhos e assembleias, as igrejas protestantes históricas são um pouco menos tentadas nessas áreas, embora não estejam imunes. Como escreve Paulo Romeiro: "Em termos de governo, o neopentecostalismo verticalizou a igreja. O líder forte no topo da pirâmide, que não presta contas a ninguém, que toma decisões sozinho em questões financeiras e doutrinárias, acaba tirando das pessoas a oportunidade de funcionarem como um corpo. Em tais circunstâncias, os abusos se multiplicam. Alguns líderes religiosos têm dificuldade de administrar o poder".[3]

[3] *Decepcionados com a graça — Esperanças e frustrações no Brasil neopentecostal*, São Paulo: Mundo Cristão, 2005, p. 232.

Conhecido como um dos grandes pesquisadores do movimento evangélico brasileiro, Romeiro[4] acredita que nas igrejas protestantes históricas, como a metodista, a presbiteriana e a luterana, a prestação de contas tanto do ponto de vista financeiro quanto do moral é tida como fator muito importante. "Todas as igrejas históricas investem muito mais na prestação de contas a seus membros, das finanças, da moral e da doutrina. E há uma ênfase na ética. No pentecostalismo, isso muda radicalmente."

Na igreja presbiteriana, por exemplo, o sistema de governo "é democrático e representativo; compõe-se de assembleia e conselho. A assembleia elege os representantes da igreja, denominados "presbíteros". Essa palavra significa:

> Homens maduros, experientes, comprovados nas lides da fé, pessoas em condições de exercerem a "paternidade espiritual" sobre as ovelhas. Cada presbítero representa a comunidade inteira, não facção dela. Para exercer sua função, submete-se à ordenação, e passa, a partir desta, a ser um "ministro regente". A Igreja deve respeito e honra aos seus presbíteros. Estes respondem com o pastoreio, a operosidade, a promoção da santidade e da fraternidade do rebanho. A Assembleia é o plenário delegante de poderes ao Conselho via mandato, limitado a cinco anos, de cada presbítero. O Conselho, em razão de sua representatividade, é mandatário da Assembleia, exercendo em seu nome o governo da Igreja. Por isso, a Assembleia, no sistema presbiteriano, tem poderes votivos e referendários, não sendo de natureza

[4] Doutor em Ciências da Religião pela Universidade Metodista de São Paulo e professor de pós-graduação da Escola de Teologia Mackenzie. É autor também de duas obras que se tornaram *best-sellers*. São elas *Supercrentes: o evangelho segundo Kenneth Hagin, Valnice Milhomens e os profetas da prosperidade* e *Evangélicos em crise: decadência doutrinária da igreja brasileira*, ambas publicadas pela Mundo Cristão.

> parlamentar, como acontece nos sistemas congregacionais de governo. A Assembleia, pois, em virtude de sua natureza, não gera nem discute nenhum documento, apenas, mediante o voto, aprova ou rejeita, plesbicitariamente.[5]

"É muito mais difícil nesses casos alguém perpetuar-se no poder, pois a estrutura é, por si, mais democrática", explica Romeiro. O mesmo ocorre com metodistas ou batistas. "Organizacionalmente, a maior parte das igrejas batistas opera no sistema de governo congregacional, isto é, cada igreja local possui autonomia administrativa, regida sob o regime de assembleias de caráter democrático. Entretanto, a grande maioria das igrejas batistas é associada a convenções, que são na verdade associações de igrejas batistas que procuram auxiliar umas às outras em diversos aspectos, como jurídico, financeiro, e na formação de novas igrejas. Essas associações não possuem qualquer poder interventor nas igrejas, pois uma das características da maioria dos batistas é a autonomia de cada igreja local."[6]

Embora a igreja pentecostal tenha uma diretoria, com presbitério e presbíteros, o pastor fica no topo da pirâmide e dificilmente presta contas.

Na análise de Paulo Romeiro, o fato de o movimento pentecostal brasileiro ter nascido nas regiões Norte e Nordeste, onde o coronelismo era e ainda é marcante, tem que ver com esse "empoderamento" do pastor evangélico também. "Embora a igreja pentecostal tenha uma diretoria, com presbitério e presbíteros, o pastor fica no topo da pirâmide e dificilmente presta contas. Ele forma um grupo simpático a si. E os questionadores são tidos como rebeldes. Isso acontece com muito mais ênfase

[5] Ashbell SIMONTON, "O governo da Igreja presbiteriana".
[6] Wikipedia.

no neopentecostalismo. A quem o Edir Macedo presta contas? Quem é que interfere numa decisão dele?", questiona Romeiro.

Essa postura tem que ver também, segundo ele, com a ênfase acentuada no carisma da liderança, em detrimento do caráter, e na glorificação dos que exibem dons espirituais, como consta na Bíblia, que podem ser o falar em línguas estranhas (glossolalia), o profetizar mensagens muitas vezes bastante generalistas para as massas e a capacidade de curar enfermos. "O que importa é ter poder de Deus, é ter dons, é sacudir a massa. Não há preocupação em ter poder sobre si mesmo, sobre as paixões ou as próprias fraquezas. A tendência está muito mais em controlar o próximo do que a si mesmo."

Por ser um país de enorme desigualdade social e com uma população de baixo nível de escolaridade, o Brasil seria solo fértil para a proliferação de líderes carismáticos que, em alguns casos, descambam em charlatanismo. Mas, para Romeiro, essa questão socioeconômica nem é tão importante. "Há empresários, profissionais liberais que se deixam manipular. Há líderes evangélicos na cadeia, e não apenas um. Há um apóstolo que foi preso por pedofilia. E muitos desses são seguidos por gente que tem dinheiro, que faz grandes doações." Para o pesquisador, um dos exemplos desse fato é o do jogador da seleção brasileira de futebol Kaká, "que não consegue se desvencilhar dos Hernandes (os líderes da Igreja Renascer em Cristo) e acha que deve a eles o seu sucesso profissional".

Iluminar a dor

Mas a ausência do Estado como criador de uma rede de proteção social básica é vista por outros pesquisadores como fator-chave para o crescimento tanto dos cristãos evangélicos no Brasil quanto dos pastores abusivos. Colega de Romeiro na Escola de Teologia Mackenzie, Ronaldo Cavalcante crê que as manifestações neopentecostais representam "fenômenos de libertação dentro de estruturas sociais opressivas e que suscitam rotas de fuga, que eu chamo de escapes de neurose".

Na análise de Cavalcante, esses cristãos estão, na verdade, tentando fazer a vida ter sentido. Ou "iluminando a dor, como diria o Chico Buarque. Nosso país, com o que arrecada de impostos, oferece muito pouco para a promoção da dignidade humana, e, por isso, esses movimentos estão buscando nessas igrejas essa dignidade que o Estado não lhes dá".

Mas os fatos comprovam que tais movimentos vieram para ficar, e já agora produzem mutações.

Ronaldo Cavalcante afirma, contudo, que os protestantes históricos também podem ser responsabilizados pelo crescimento de um modelo inconsequente de culto, regido por lideranças inescrupulosas que adotaram praticamente todas as regras do mercado. "Nós, os protestantes clássicos, pertencemos a uma casta religiosa burguesa. Nosso modelo é o *american way of life*, vivemos num casulo e somos doutrinados a considerá-los (os neopentecostais) heterodoxos, desviados da sã doutrina, hereges, apóstatas etc. Mas os fatos comprovam que tais movimentos vieram para ficar, e já agora produzem mutações."

O economista Marcelo Nery, da Faculdade Getúlio Vargas, declarou algo próximo disso ao divulgar uma pesquisa sobre o perfil socioeconômico dos evangélicos brasileiros. Em termos econômicos, a pesquisa mostra que a renda familiar *per capita* dos fiéis das igrejas pentecostais é 30% menor que a dos católicos. Enquanto uma família católica tem renda média de R$ 2.023, o valor cai para R$ 1.496 quando a família é de pentecostais.

Sobre o estudo, denominado "A economia das religiões — mudanças recentes", Nery afirmou:

> Com a crise metropolitana nas últimas décadas, o inchaço das grandes cidades, o aumento da violência e a piora do acesso aos

serviços públicos, as igrejas evangélicas pentecostais (Assembleia de Deus, Universal do Reino de Deus etc.) e os sem-religião tiveram um crescimento mais expressivo nas periferias. Nery acredita que, com o surgimento dessa "nova pobreza", as pessoas seguem em geral dois caminhos: "Ou se apegam a religiões de práticas mais intensas, como as pentecostais, ou perdem a esperança e viram sem-religião", disse, ao divulgar a pesquisa.

Segundo o economista, o crescimento das igrejas pentecostais nessas áreas urbanas também pode ser entendido como uma forma de ocupar uma lacuna deixada pelo Estado, com desemprego, favelização, precariedade de acesso aos serviços públicos.[7]

Entretanto, os indivíduos com boa formação cultural, como já ficou claro nas diversas histórias narradas neste livro, também são alvo de abuso religioso. E, na visão de Paulo Romeiro, isso acontece simplesmente porque lhes falta conhecimento bíblico. Embora os líderes usem sempre a Bíblia em seus ensinamentos e pregações, a leitura que fazem pode atender a interesses específicos, além de haver uma aplicação hábil de muitos textos fora de contexto.

Para confrontar o pastor que abusa da Palavra em benefício próprio, é preciso conhecer a Bíblia melhor que ele.

Para confrontar o pastor que abusa da Palavra em benefício próprio, é preciso conhecer a Bíblia melhor que ele. Não é também tarefa simples. Há infinitas formas de "ler" a Bíblia, assim como há uma infinidade de denominações evangélicas, cada uma com as próprias doutrinas. E mesmo aquelas que têm na placa o mesmo sobrenome podem interpretar algumas passagens bíblicas de forma singular. É o preço da liberdade que os protestantes tanto prezam.

[7] *O Globo*, 3 de mai. de 2007.

A falta de conhecimento histórico, no entanto, pesa. "Temos uma geração de crentes que não conhece sua história, não tem raízes, não sabe nada sobre a Reforma Protestante. É uma geração evangélica hedonista", lamenta Romeiro.

Notícias sobre abuso são mais comuns ao pentecostalismo e ao neopentecostalismo, na visão do professor do Mackenzie, também porque o líder dessas igrejas em geral é o seu fundador. E, como o dono de uma empresa, costuma ter a palavra final.

A forma de ordenar pastores também influencia. Não há regra que obrigue o líder a ser formado em teologia ou filosofia, como acontece na Igreja Católica, por exemplo, na qual os padres, antes de chegarem à paróquia, passam por pelo menos quatro anos de estudo formal. "Entre os evangélicos, há muita confusão nessa área. Nas igrejas neopentecostais, muitos pastores se auto-ordenam, se autointitulam bispos ou apóstolos. Eles amam a multidão, mas não estão muito preocupados com o indivíduo."

Nas igrejas protestantes históricas, e hoje também na Assembleia de Deus, não se ordenam mais pastores sem que tenham um curso de teologia. Nas neopentecostais, basta falar bem e ter desenvoltura para candidatar-se ao cargo. "O que eles buscam são animadores de auditório", critica Romeiro. "Eles só precisam conhecer os textos bíblicos que vão ajudá-los a levantar dinheiro." Exemplos clássicos são: "Trazei todos os dízimos à casa do tesouro", "dai e ser-vos-á dado", "Deus ama o que dá com alegria", "Honra ao Senhor com as primícias dos teus bens".

> Apesar dos escândalos, essas igrejas florescem. Talvez porque a relação dos fiéis com a liderança não se dê no campo da reflexão, mas da emoção.

Para Romeiro, os cultos, assim, não são mais eventos para agradar a Deus, mas para arrecadar. "O mercado influi na liturgia e na teologia. A mensagem agora tem de ser de motivação, sucesso e autoajuda. Sei de um pregador muito conhecido que pregou recentemente sobre 'como chegar ao topo'. O evangelho não é mais uma preocupação."

Apesar dos escândalos, das prisões, das denúncias e das malas de dinheiro encontradas em jatinhos particulares, essas igrejas florescem. Talvez porque a relação dos fiéis desses movimentos com a sua liderança não se dê com base na reflexão, mas no campo da emoção. "Os pentecostais são mais inclinados a sentir do que a refletir. 'Eu sinto a presença de Deus', 'Quando ele fala, eu choro', dizem esses fiéis. Sentir é suficiente para legitimar toda a falcatrua", avalia Romeiro.

O pesquisador é cético quanto à possibilidade da conversão ética dessas lideranças. "Não vejo saída para os pentecostais. O que move boa parte da igreja evangélica brasileira hoje é grana. Quando me converti, na década de 1970, ouvia histórias de pessoas que renunciavam a uma vida cômoda para viver, pela fé, uma vida mais difícil, em nome do evangelho. Hoje é o contrário. A pessoa fecha empresa para investir em igrejas. E dá certo. Porque ser pastor virou um bom negócio."

13

Quero ser nada para minha luz
Lançar-me todo em tua direção
Em fé provar tua glória e tua paz
Tua claridade é minha escuridão
E a escuridão me basta
A escuridão me basta[1]

Existe outro lado, porém, nessa trama de pastores que mais parecem lobos. O lado daqueles que viram dias de glória e hoje padecem o abandono de seguidores.

E é em trevas, sob o solo, que o grão morre para poder dar fruto. É necessário um período de escuridão. Um tempo em que, à superfície, nada parece estar acontecendo. Os dias passam, e você está ali, debaixo da terra, morrendo, silenciosamente.

As pessoas continuam a levar a vida, construindo castelos, criando filhos, e você está no escuro, diminuindo. Não tem ideia de quando aquilo vai acabar; se vai acabar. Você é esquecido por um tempo. Os amigos se vão. O mundo gira, e você vai ficando para trás. Depressão. Silêncio. Davi chamou esse lugar de vale da sombra da morte. João da Cruz escreveu *A noite escura da alma*, um estado de esvaziamento em que Deus está ausente.

[1] Jorge Camargo, *A escuridão me basta*, do CD *Somos um*.

Talvez a luz seja ver
Bem mais além do jardim
Só posso encontrar você
Se olhar bem dentro de mim[2]

A pastora Sandra precisou dar esse mergulho na escuridão para ser forçada a olhar dentro de si mesma. E o espelho pode reservar surpresas desagradáveis. Esse encontro, adiado a vida toda, aconteceu depois de um afastamento do trabalho, por ordem médica, para cuidar da saúde. Ela já havia sido alertada por profissionais de sua igreja que andava se excedendo.

Hiperativa, acostumada a longas jornadas e a infindáveis compromissos pastorais, Sandra começava o dia muito cedo e nunca tinha hora para terminar. Não se alimentava bem, não fazia exercícios físicos que, achava, roubavam-lhe precioso tempo de comunhão com Deus. Reuniões de oração de quatro horas eram comuns. Ela era conhecida por ser uma mulher de fé. Ao lado do marido, construiu do zero, no Centro-Oeste do país, uma igreja de quase dois mil membros, na garagem de sua casa.

Mulheres ricas começaram a chegar, e, ao longo dos anos, a comunidade cresceu e enriqueceu. A pastora Sandra vivia cercada dessas senhoras, que a ajudavam nas atividades da igreja, promovendo bazares e levantando fundos para programas sociais. Elas a adoravam. Aprendiam com Sandra a Palavra de Deus de um jeito autêntico e se acostumaram a orar por tudo, a consultar a Deus e à pastora também, claro, antes de dar cada passo. As amigas a tinham como um modelo de mulher virtuosa, que via o invisível, que trazia à existência, pela fé, aquilo que existia somente em sonhos.

O tempo foi passando, e essa mulher simples, de sapatos surrados, que começou seu ministério no fundo do quintal, foi alçan-

[2] *Além do jardim*, do CD *Somos um*.

do voos mais altos. Suas muitas realizações lhe foram conferindo poder. E, aos poucos, ela foi mudando. Conhecedora da Bíblia, nunca se lembrou de um provérbio de Salomão que afirma que o homem é testado pelos louvores que recebe. E de outro que diz que os elogios podem ser, na verdade, uma armadilha. A bajulação tornou-se companheira constante da pastora nessa época. E ela caiu em sua rede.

> As amigas a tinham como modelo de mulher virtuosa, que via o invisível, que trazia à existência, pela fé, aquilo que existia somente em sonhos.

Seu tempo de intimidade com Deus diminuiu porque as tarefas eram muitas, a agenda vivia lotada, como a de uma superexecutiva. Atividades com crianças, cursos em um seminário, intermináveis reuniões de oração e retiros no exterior tornaram-se atividades rotineiras.

Sua aparência física também mudou, para melhor. Passou a frequentar cabelereiros e a vestir roupas caras, que ganhava de presente das discípulas abastadas. Era uma ofensa para as suas seguidoras rejeitar presentes, já que elas gostavam de recompensá-la pelas muitas bênçãos alcançadas por seu intermédio. Acostumou-se a esses mimos. Passou a achar-se merecedora deles. Na verdade, ela passou a pedir presentes para as amigas, constrangendo-as, sem culpa: joias, roupas caras, todo tipo de agrados materiais. Afinal, ela fazia tudo direitinho. Tudo para Deus. Um servo fiel, diz a própria Palavra de Deus, é digno de dupla honra.

Mesmo já convivendo com esse tipo de postura eticamente questionável, as fiéis escudeiras não hesitaram em colocá-la na galeria dos heróis da fé. Sandra era forte como Sansão e ousada como Elias. Sua palavra era cheia de autoridade, e suas pregações subiam de tom, situando-se sempre uma escala e alguns decibéis acima do suportável. Os demônios tremiam e caíam fora ante suas ordens.

Sandra promovia muitos cursos de cura para feridas emocionais e pregava que, pela fé, tudo era possível. Ensinava que depressão era coisa do diabo, que as emoções não são dignas de confiança e até deveriam ser abafadas. Não afirmam as Escrituras que o coração é mais enganoso que todas as coisas? O ser humano, ensinava ela, é corpo, alma e espírito. Uma tricotomia, como dizem os teólogos. O corpo e a alma são elementos decaídos e vulneráveis ao pecado, e tinham de ser enfraquecidos. O espírito é que precisava ser fortalecido, com orações, Bíblia e jejuns. Um espírito forte derrotava todas as doenças, e os demônios nada podiam mediante a autoridade de um verdadeiro cristão. Um cristão autêntico era um guerreiro forte e destemido.

Ela insistia em culpar o diabo pela maioria dos problemas humanos. Falava, e as coisas aconteciam.

Com base nessa teologia, a pastora Sandra levantou muitos decaídos de alma e ajudou centenas de famílias, pregando sempre um evangelho de pulso firme, rédeas curtas e que não dava trégua a Satanás. Ela insistia em culpar o diabo pela maioria dos problemas humanos. Falava, e as coisas aconteciam.

Um dia, porém, Deus resolveu chamá-la para uma conversa. Só os dois. Como ela estava sempre muito ocupada, Deus teve de chamar sua atenção de forma contundente. Na verdade, precisou derrubá-la do pedestal em que a colocaram, e ao qual ela se apegara. Quando ela caiu lá do alto, atingida por constantes enfermidades e internações, a congregação se dispersou.

Surgiram, instantaneamente, histórias de abuso de poder, malversação de recursos, insultos e maus-tratos de sua parte na comunidade. Pessoas que durante muitos anos a seguiram de perto, como quem segue um profeta, agora, com seu afastamento, sentiam-se livres para expressar ressentimento contra seu autoritarismo. O senso comum agora era de que aquela mulher era, na verdade, uma impostora, uma vilã, uma espécie de tirana. A pastora Sandra tinha perdido as rédeas. Havia se tornado dominadora.

Ao sair de cena, teve de concordar em procurar um psiquiatra, depois de muita insistência da família e dos poucos amigos que lhe sobraram. "Eu achava que depressão era coisa de madame", contou ela numa conversa que tivemos sobre o tema deste livro.

Num relato sincero, em que reconheceu ter se tornado uma pessoa agressiva e estressada, Sandra tentou justificar como se deu em sua vida essa mudança de imagem tão radical: de pastora respeitada a mulher de reputação duvidosa, abalada por uma série de denúncias de abuso de autoridade. Falou sobre como as frequentes infecções e internações hospitalares a forçaram a parar para encontrar antigas feridas nunca tratadas.

Sandra contou que nesse período de trevas e abatimento reconheceu muitos "falsos eus" criados para proteger-se de uma experiência de abuso sexual sofrida durante a infância e que a marcara profundamente. "Nunca agredi ninguém conscientemente. Não acredito que haja um pastor que queira machucar uma ovelha conscientemente. Eu não percebia que estava agredindo."

> Habituada a espiritualizar quase tudo, Sandra crê que parte dos problemas é culpa de Satanás, que almeja destruir a igreja de Jesus Cristo a qualquer preço.

Num primeiro momento, ela resistiu a parar de trabalhar. "Tive de me permitir a depressão. Eu não aceitava isso. Para mim, depressão era coisa de quem não tinha o que fazer. E eu tinha muito que fazer. Por dezenove anos, fiz cultos de libertação para livrar as pessoas da depressão. Deus me permitiu passar por isso para eu entender que havia uma razão química e que, em meu caso, se somou a um problema físico. Ou eu me tratava, ou aquilo me levaria à loucura."

Sandra acredita também que existe um lado espiritual que colabora com a debandada dos membros da igreja. Como uma pessoa habituada a espiritualizar quase tudo, ela crê que parte dos problemas na congregação é culpa de Satanás, que almeja destruir a igreja de Jesus Cristo a qualquer preço.

Uma das lições importantes que aprendeu nessa fase é ser menos independente. "Aprendi com meu psiquiatra que nunca poderia ter trabalhado tanto e me envolvido tão profundamente com os sentimentos e o lado espiritual de tantas pessoas sem que eu mesma tivesse ajuda. Eu precisava ter tido um conselheiro com quem dividir os fardos do ministério."

Nos Estados Unidos, onde Sandra passou alguns meses no início do tratamento, é comum a instituição de conselhos de psiquiatras cristãos especializados no acompanhamento de pastores. No Brasil, é conhecida a figura do pastor de pastores, mas não há profissionais de psiquiatria que façam um trabalho desse tipo formalmente.

Numa carta endereçada a sua congregação meses depois de seu afastamento, já como resultado das sessões de terapia, a pastora Sandra pediu perdão por vários pecados, que citou nominalmente: arrogância, acepção de pessoas e orgulho. Na origem de sua "loucura", segundo escreveu, estava o fato de ter sido molestada sexualmente por seu padrasto, uma marca que a levou a vestir uma capa de supermulher e a construir fortalezas, defendendo-se sempre de sentimentos mais intensos. "Emoção para mim era coisa de gente fraca. Muito de minha dureza vinha dessa experiência de abuso, que eu havia racionalizado. No fundo, quando você abusa de outra pessoa está pedindo socorro, mas os outros não conseguem encarar dessa forma."

Essa cicatriz na alma levou-a a entender o mecanismo do abuso. "Eu entendi o porquê de querer proteger crianças, de não querer que elas passassem pelo sofrimento que eu passei. Quando se sofre abuso, levanta-se em seu interior um monte de defesas. Você passa a ter de se defender sozinha. Perde aquilo que é próprio da criança: a vulnerabilidade."

Ainda referindo-se ao passado, comentou: "Passei a esconder as emoções, e todos só viam a mulher forte. Muitas vezes, quando eu agredia, não percebia que estava agredindo. Meu zelo pelas ovelhas sempre foi grande. Pensei que as estava guardando. Se em algum momento eu me senti dona do rebanho, dona do pedaço, paguei um preço muito alto, porque Deus me mostrou quem é o Senhor".

Ela concorda que sua postura autoritária amedrontava as pessoas e inibia confrontos. "Talvez eu amendrontasse as pessoas. Quando fiz a confissão, queria quebrar tudo o que fosse um baluarte de proteção ou imagem de perfeição. Deus me fez rasgar meus próprios véus. Quando se está sob a operação da rejeição e do abandono, tem-se muitos véus. Corre-se aceleradamente para não dar tempo de enxergá-los. Devo ter passado a imagem de que era Deus quem falava quando na verdade era eu mesma. Em contrapartida, as pessoas que me ouviam não eram ignorantes. Elas poderiam ter dito: 'Peraí, pastora, eu não concordo com você'. Mas nunca ninguém veio me dizer: 'Você passou dos limites. Você poderia ter feito diferente'. Então, o que você pensa? Que está tudo bem."

> A compulsão se manifesta no medo oculto de fracassar e no impulso inabalável de evitá-lo juntando mais das mesmas coisas — mais trabalho, mais dinheiro, mais amigos.

Todavia, não estava. Ex-membros que deixaram a igreja não querem ouvir falar dela. Muitos acreditam que ela era apenas uma aproveitadora, disfarçada de profeta. Muitos, numa atitude nada cristã, querem que ela vá para o inferno. Sandra não consegue entender tamanho ódio. Garante que tentou reconciliar-se com alguns desses irmãos, mas não foi bem recebida. As portas se fecharam.

Sandra aprendeu que, quando Deus quer tratar de seus filhos, ele "tira tudo aquilo em que nos seguramos. É para quebrar os eus falsos". Quando fala dessa forma, lembra do que Henri Nouwen, um padre holandês já falecido, escreveu sobre falsos eus:

> O eu secular ou falso é o eu que é engendrado, como diz Thomas Merton, por compulsões sociais. "Compulsivo" é o melhor adjetivo para o falso eu. Mostra a necessidade de afirmação contínua e crescente. Quem sou eu? Sou aquele que é apreciado, elogiado, admirado, antipatizado ou desprezado. Quer eu seja pianista, negociante ou religioso, o que importa é como eu sou percebido em meu mundo. Se estar atarefado é coisa boa, então preciso estar atarefado. [...] A compulsão se manifesta no medo oculto de fracassar e no impulso inabalável de evitar isso juntando mais das mesmas coisas — mais trabalho, mais dinheiro, mais amigos.[3]

Usando sempre uma linguagem meio psicoterapêutica, a pastora Sandra afirma que, nesse período de trevas, o Senhor conduziu-a à verdadeira solitude. E "a solidão é a fornalha da transformação".[4] "Foi um tempo em que minha alma chorou, mas em que o espírito ficou alegre, porque voltou à casa do Pai." E, falando assim, faz lembrar Henri Nouwen novamente. A pessoa que melhor retratou o significado do reencontro entre um filho banido e seu amoroso pai.[5]

A luta contra o falso eu, segundo o escritor holandês, "está muito além de nossas forças. Quem quer combater seus demônios com as armas que tem é tolo. A sabedoria do deserto afirma que o confronto com o nada aterrador força-nos a nos entregar

[3] *A espiritualidade do deserto e o ministério contemporâneo*, São Paulo: Loyola, 2000, p. 20.
[4] Idem.
[5] *A volta do filho pródigo*, São Paulo: Paulinas.

total e incondicionalmente ao Senhor Jesus Cristo. Sozinhos, não sabemos enfrentar 'o mistério da iniquidade' e ficar impunes. Só Cristo supera os poderes do mal. Só nele e por intermédio dele sobrevivemos às provações de nossa solidão".[6]

[6] *A espiritualidade do deserto e o ministério contemporâneo*, São Paulo: Loyola, 2000, p. 25.

14

Você diz que procura alguém que nunca seja fraco, sempre forte,
Para protegê-la e defendê-la,
Caso esteja certa ou errada,
Alguém para lhe abrir todas as portas,
Mas não sou eu, meu bem,
Não, não,
Não sou eu quem você está procurando[1]

A ÁGUA DO CHUVEIRO LAVA OS OLHOS VERMELHOS de Ricardo e se mistura às lágrimas que ele derrama secretamente, para que sua mulher não veja. Ele chora escondido, no banheiro, porque decidiu não contar a ela os maus-tratos que sofre de vez em quando em seu trabalho, como faz a maioria dos casais.

Pastor de igrejas presbiterianas há vinte e um anos, Ricardo Agreste acredita que a mulher do pastor deve ser poupada de saber das grosserias dos membros da igreja, para não afetar seu relacionamento cotidiano com as famílias na comunidade. "Não é como a mulher de um médico, por exemplo, que pode ouvir os problemas que o marido tem no hospital e depois dar de ombros, pois só encontrará aquelas pessoas na festa de fim de ano."

Essa pode ser uma boa estratégia para preservar a confidencialidade de seu trabalho pastoral. Mas privar-se de uma

[1] Bob Dylan, *It Ain't Me, Babe.*

confidente tão próxima também significa que ele ainda terá de chorar sozinho muitas outras vezes. É que a caminhada de um pastor evangélico às vezes faz lembrar à de um pugilista lutando contra fantasmas. E, nessa batalha, muitos estão indo à lona.

O que me levou a Campinas (SP), à Igreja Presbiteriana Chácara Primavera, para entrevistar o pastor Ricardo foi justamente o trabalho que ele desenvolve com lideranças pastorais há dez anos: o Projeto Timóteo. A proposta desse programa é reunir pastores evangélicos para trocar experiências, conversar, desabafar e reaprender a relacionar-se fraternalmente entre iguais. "A ideia inicial era desenvolver amizades, com a crença de que elas se tornassem espaço de pastoreio e de cuidado mútuo", explicou Ricardo.

Criado espontaneamente, a partir de uma reunião de ex-colegas de seminário que sentiam falta de passar tempo juntos, batendo papo, rindo e orando uns pelos outros, o Projeto Timóteo reúne hoje cerca de 120 ministros, em quatro grupos, em São Paulo, Paraná e Santa Catarina. Eles se encontram uma vez a cada seis meses, durante três dias. Quando entram para o grupo, assumem o compromisso de andar juntos durante três anos. "O número de pastores não é maior porque a própria filosofia do projeto inviabiliza retiros grandes e rotatividade. Outra razão é que manter mais grupos demandaria estrutura e tempo que nenhum dos envolvidos tem", explica Ricardo.

Para esses retiros, só são convidados preletores que não exijam tratamento *VIP*, que se sentem à mesa ao lado dos demais e estejam dispostos a dialogar, sem precisar ser paparicados.

Corações fragmentados

Esse convívio íntimo com pastores ao longo da última década num ambiente neutro e com liberdade para abrir o coração e expor as contusões da caminhada ministerial ensinou muitas coisas a Ricardo Agreste. Uma de suas conclusões é que a saúde emocional de seus colegas parece estar em linha com a das comunidades que pastoreiam. E não é nem melhor nem pior que a de lideranças seculares que convivem com forte pressão por resultados e por desempenhar bem um leque amplo demais de papéis e tarefas.

Segundo essa visão, a causa de muitas das doenças emocionais do pastor evangélico pode estar em boa medida associada à busca constante e inconsciente por ser uma pessoa relevante num mundo que, no fundo, o menospreza. Até o início do século XX, por exemplo, ser ministro religioso equivalia a ser alguém especial. Os sacerdotes, pastores e padres em particular eram tidos como pessoas respeitáveis, bem formadas, com uma visão equilibrada sobre educação, política e economia, e influenciadores da sociedade em que se inseriam.

A causa de muitas das doenças emocionais do pastor evangélico pode estar em boa medida associada à busca constante e inconsciente por ser uma pessoa relevante num mundo que, no fundo, o menospreza.

Nos séculos XX e XXI, com a acelerada secularização, a religião e consequentemente a palavra do sacerdote passaram a ser vistas como alternativas ingênuas. "Muitos pastores não conseguem entender isso e vivem sob a demanda de se tornarem significantes. São pastores num momento histórico em que o mundo não os vê mais como pessoas importantes. Não se trata de uma luta consciente, mas inconsciente", avalia Ricardo.

Essa demanda interior por destacar-se resulta, segundo essa análise, em alguns movimentos bem claros entre os ministros de Deus. Entre os cristãos pentecostais, ela se manifesta no formato carismático da liderança, que se traduz por: "Deus fala por meio de mim; sou um instrumento de Deus; tive um sonho, e Deus me falou".

Nas igrejas históricas, o desejo é conquistar poder institucional. "O sujeito prova sua significância quando consegue ser o presidente do presbitério, do sínodo, e passa a articular sua vida em torno da posição institucional", observa Ricardo.

> Nas igrejas históricas, o desejo é conquistar poder institucional.

Uma terceira via é a procura por legitimação social por meio da titulação acadêmica. O pastor investe na carreira, cursando mestrados e doutorados, muitas vezes à custa de sua congregação. É a chamada vertente acadêmica, que por si só não seria ruim se muitos não abandonassem o cuidado pastoral em troca de estudo incessante e busca de títulos.

Todas essas trajetórias escondem, de acordo com essa ótica, uma profunda necessidade de autoafirmação e um sentimento oceânico de inadequação. Tenta-se, dessa forma, mostrar a um mundo cético que o pastor é uma pessoa que merece ser levada a sério. E, considerando o cenário evangélico contemporâneo, parece natural sentir-se desprestigiado quando a carreira que escolhemos virou sinônimo de oportunismo e picaretagem.

Cai-se, portanto, num paradoxo interessante: o pastor luta para provar-se significativo e digno para com os de fora, enquanto os de dentro, irmãos e seguidores, o sobrecarregam com uma expectativa elevadíssima de que ele seja uma pessoa inerrante.

Para Ricardo Agreste, esse conflito gera ansiedade e depressão. E leva o indivíduo a entregar-se a caminhos obsessivos. Na busca por poder espiritual, ele recorre a práticas espirituais legítimas, mas exageradamente, como as orações sem fim, frequentes jejuns, à espera de visões e profecias para transmitir à plateia. "Por trás disso, existe um anseio: eu preciso ser relevante. A vertente acadêmica não é muito diferente disso."

O Projeto Timóteo é um lugar para encarar esses fantasmas de frente. E para nutrir a vocação pastoral. Para relembrar que o cuidado de pessoas é uma carreira das mais nobres, mas que nem por isso vai significar prestígio. "É nobre, mas nunca quis dizer que não seríamos feridos ao exercitá-la." Na verdade, aquele que melhor a exerceu acabou muito mal.

Dois autores que costumam ser lidos nos retiros são Eugene Peterson e Henri Nouwen. O primeiro, também citado por Osmar Ludovico, é um teólogo americano que já escreveu muitos livros para pastores. Ele propõe a figura do "pastor subversivo". É o ministro que aceitou ser visto como "insignificante". Peterson usa o exemplo de Jesus Cristo contando parábolas para seus seguidores, um hábito que os rigorosos mestres da lei de seu tempo julgavam infantil e raso. "Eles achavam que Jesus tinha um papel social irrelevante porque ficava contando historinhas", comenta Ricardo.

> O pastor luta para provar-se significativo e digno para com os de fora, enquanto os de dentro, irmãos e seguidores, o sobrecarregam com uma expectativa elevadíssima de que ele seja uma pessoa inerrante.

Peterson, então, desafia seus leitores a deixar que as pessoas pensem que aquilo que pregam é ingênuo; que elas pensem que oração e vida cristã são coisas para malucos ingênuos.

Henri Nouwen trabalha a ideia do médico ferido, um modelo pastoral que também toma Jesus por referência. Trata-se de um pastor que cura, apesar da consciência dos próprios machucados e das próprias frustrações; estes servem na verdade para que ele se identifique com o outro e até intensificam nele o desejo de amar seus irmãos e de cuidar deles.

Entre as qualidades desse líder, Nouwen ressalta a compaixão. Ele escreve:

> Pela compaixão, é possível reconhecer que a sede de amor que os homens sentem reside também em nossos próprios corações, que a crueldade que o mundo conhece bem demais também tem raízes em nossos próprios impulsos. Pela compaixão, também

> sentimos nossa esperança por perdão nos olhos dos amigos e nosso ódio em sua boca amarga. Quando eles matam, sabemos que também poderíamos ter feito isso; quando eles dão vida, sabemos que podemos fazer o mesmo. Para um homem compassivo, nada que seja humano é estranho: nenhuma alegria ou tristeza, nenhum caminho ou modo de viver e nenhum modo de morrer.[2]

Esse sentimento compassivo, segundo Nouwen, produz verdadeira autoridade para liderar.

> Assim, a autoridade da compaixão é a possibilidade de o homem perdoar seu irmão, porque o perdão somente é real para quem descobriu a fraqueza de seu amigo e os pecados de seu inimigo em seu próprio coração e está querendo chamar todo ser humano de irmão.[3]

Pastores que se permitem ser frágeis, que tratam suas emoções com delicadeza, que desabafam com seus pares, que se permitem falhar e não posam de semideuses parecem ter menores chances de se transformar em autores de abuso.

Pastores que se permitem ser frágeis, que tratam suas emoções com delicadeza, que desabafam com seus pares, que se permitem falhar e não posam de semideuses parecem ter menores chances de se transformar em autores de abuso. Eles aprenderam a lidar com as expectativas irreais de sua comunidade de forma realista, tendo consciência de que a frustração será sua companheira de jornada.

Os livros de Brennan Manning também estão cheios de autoavaliações viscerais que expõem a fragilidade da carreira sacer-

[2] *O sofrimento que cura*, São Paulo: Paulinas, 2000, p. 67.
[3] Idem, p. 68.

dotal. Um ex-membro da Ordem Franciscana em Washington, alcoólatra em recuperação, autor de mais de dez títulos e conferencista aclamado, Manning é um homem que não tem medo de falar abertamente sobre sua imensa dificuldade em domesticar aquele que ele chama de "o impostor" ou "o hipócrita": a máscara que costuma vestir para disfarçar suas imperfeições de caráter. Os disfarces que usa regularmente para esconder suas carências e necessidades de reconhecimento e de afago do ego.

Com sinceridade constrangedora, ele exibe as armadilhas que o "impostor" vive colocando diante dele para que leve uma vida fundamentada no fazer. Em *O impostor que vive em mim* e em *Falsos, metidos e impostores*, dedica-se a desconstruir a personalidade desse falso eu e as assombrações da carreira ministerial.

> Hipócritas são fanáticos por aprovação. Temos uma necessidade quase sufocante de agradar, e isso torna difícil dizer não, mesmo quando a resposta certa é não. Hipócritas têm o hábito de se comprometer demais com pessoas, projetos e causas, e isso geralmente nos faz infelizes, pois nosso esforço tem pouco a ver com compromisso pessoal e se explica mais pelo medo de não vivermos à altura das expectativas dos outros.[4]

Manning escreve ainda sobre compulsões pastorais:

> Hipócritas são levados por um desejo compulsivo de parecer perfeitos. Esperamos que todos nos admirem e ninguém nos conheça de verdade. A vida do hipócrita é uma montanha-russa com subidas alucinantes e descidas de fazer o coração saltar pela boca.[5]

[4] *Falsos, metidos e impostores — Aonde foi parar seu verdadeiro eu?*, São Paulo: Mundo Cristão, 2008, p. 39.

[5] Idem, p. 39.

... e sobre falsa identidade:

> Durante muito tempo eu me escondi de meu verdadeiro eu por meio de meu desempenho ministerial. Construí uma falsa identidade com livros, sermões e narrativas. Eu estava convencido de que, se a maioria dos cristãos pensasse bem de mim, tudo estaria resolvido. Quanto mais sucesso eu alcançava no ministério, mais convincente o hipócrita se tornava.[6]

Ele trata do orgulho escamoteado:

> No meio da leitura de um livro, vi que o autor havia citado algumas palavras de minha autoria. Senti-me instantaneamente gratificado e importante. Ao voltar-me para Jesus em oração e entrar em contato com meu verdadeiro eu, percebi de novo que o hipócrita está sempre de tocaia![7]

E de acepção de pessoas na congregação:

> Numa noite de solitude nas Rochosas do Colorado, ouvi esta mensagem: "Brennan, você dedica toda sua atenção a certos membros da comunidade, mas oferece bem pouco aos outros. Os que recebem sua atenção integral são os de posição social elevada, os ricos, os que têm carisma, as pessoas que você considera interessantes, bonitas e simpáticas. Mas você não trata com a mesma consideração as pessoas que acha comuns ou que se vestem mal, as de posição social inferior, as que exercem atividades humildes e as desconhecidas ou sem fama. Brennan, eu levo isso muito a sério. O tratamento que você dispensa aos outros

[6] Idem, p. 40.
[7] Idem, p. 43.

todos os dias, qualquer que seja o *status* dessas pessoas, é a verdadeira prova de sua fé".[8]

Entre suas conclusões, ele desafia o leitor a admitir seu enorme potencial para o fracasso:

> Aceitar a realidade de minha miséria significa aceitar meu verdadeiro eu. Judas e Pedro igualmente traíram Jesus. Judas não conseguiu enfrentar seu lado obscuro; Pedro conseguiu. A vida de Pedro mudou, e a de Judas chegou ao fim. Nenhum dos dois desfechos foi uma reação automática às circunstâncias. Ambos decidiram que não podiam mais continuar a viver daquele jeito.[9]

Como um casamento

Num relacionamento espiritual maduro, o líder não alimenta a codependência. O problema, segundo Ricardo Agreste, é que quando o pastor desenvolve esse padrão mais solto com os membros de sua igreja, muitos se ressentem. Pois, como diz Eugene Peterson, as pessoas adoram que o pastor brinque de ser Deus.

O bom convívio entre o pastor e suas ovelhas, segundo Ricardo Agreste, pressupõe ainda uma opção de longo prazo. "Pastores e igrejas precisam perceber que a convivência traz à tona as limitações. E, assim como no casamento, o segredo não é a transformação do outro, mas o acolhimento dessas limitações."

> As pessoas adoram que o pastor brinque de ser Deus.

Pastores também costumam ser feridos quando a igreja os descarta em favor de outro mais jovem e dinâmico. Igrejas são

[8] Idem, p. 44.
[9] Idem, p. 52.

feridas quando o jovem pastor troca a comunidade por outra maior, com mais perspectiva de crescimento e um salário mais gordo. "É a mesma química do divórcio e do novo casamento", compara o pastor presbiteriano.

Congregações que já perderam vários pastores passam a se comportar friamente. O ministro que ali chegue com o coração aberto e pronto para servir vai encontrar uma igreja comparável a uma esposa que foi traída em seus últimos casamentos. Ela não se entrega mais. Lida com ele partindo do pressuposto de que ele é uma ameaça. "Esse cara vai ser ferido por coisas que nunca fez. Então, nesse contexto, é interessante considerar que os que sofreram abuso acabam ferindo aqueles que nunca deles abusaram. E isso produz uma cadeia de feridos. Minha tese é que hoje temos igrejas feridas ferindo pastores, e pastores feridos ferindo igrejas."

> É interessante considerar que os que sofreram abuso acabam ferindo aqueles que nunca delas abusaram. E isso produz uma cadeia de feridos.

Para Ricardo Agreste, é preciso descobrir um caminho de cura que alcance tanto a alma do rebanho quanto a de seus pastores.

* * *

Se na conversa com a pastora Sandra a intenção era mostrar o outro lado e penetrar num dos ambientes que facilitam a ocorrência do abuso religioso, a entrevista com Ricardo Agreste serviu para comprovar a tese de que, assim como há um batalhão de cristãos prejudicados por seus líderes, existe, do outro lado do púlpito, uma multidão de pastores feridos.

Minha tentativa de descobrir, cientificamente, como anda a saúde emocional dos pastores evangélicos, contudo, não foi muito frutífera. O único trabalho que localizei no Brasil foi o do psiquiatra Francisco Lotufo Neto, do Instituto de Psiquiatria da Universidade de São Paulo, denominado *A prevalência de transtornos mentais entre ministros religiosos.*

O estudo apresenta um sem-número de casos curiosos de ministros desde séculos remotos que padeceram de problemas de angústia, distúrbios de personalidade e exaustão, até as mais extremas maluquices. Nessa robusta tese de livre-docência, o médico expõe problemas como:

> Lutero (1483-1546) foi descrito como tendo períodos de profunda depressão, sentimentos de insuficiência, medo, incerteza torturante, agarrando-se a símbolos tradicionais, o que na opinião de Kretschmer caracterizam a neurose compulsiva. ERIKSON (1958) viu nele ataques de pânico e depressão, e GOODWIN; JAMISON (1990), períodos de depressão psicótica suicida alternando com épocas de infatigabilidade e êxtase com visões.
>
> Orígenes levou ao pé da letra a exortação de Mateus 12:12, castrando-se.
>
> Simeão Estilista foi considerado incapacitado para a vida monástica: agachava-se no portão do mosteiro sem comida, mortificava-se, enterrava-se até o pescoço ou ficava de ponta-cabeça até que seus braços não conseguiam mais sustentá-lo. Não se banhava a ponto de um cheiro horrível exalar de seu corpo e vermes caírem quando ele se movia (GRAHAM, 1967).

Lotufo Neto apresenta uma galeria de sacerdotes, protestantes, católicos e de outras religiões, dos mais variados períodos da História, com diagnósticos de desordens mentais leves ou graves, até chegar ao seu trabalho particular de pesquisa com pastores brasileiros. Para sua tese, ele endereçou 750 questionários a pastores protestantes da cidade de São Paulo e recebeu 207 respostas válidas.

Da amostra, 97% eram homens; 88,4% eram casados; 12 solteiros; 3 viúvos, e 2 divorciados. Cento e setenta e oito (86%) tinham educação universitária, e 16 completaram o ensino médio. A idade média foi 44,7 anos (68,6% estavam entre 30 e 60 anos de idade). Do total, 87 eram batistas; 52 presbiterianos; 19 metodistas; 6 da Assembleia de Deus; e 43 de outras denominações.

Com base nessas respostas, o dr. Lotufo Neto concluiu que, ao considerar-se toda a vida do analisado, 47% dos pastores apresentavam sintomas de distúrbios. "A prevalência de transtornos mentais (47%) nesta amostra de ministros religiosos é maior que a encontrada na população de São Paulo, onde a prevalência global de transtornos mentais para a vida toda foi 31%, 33% para homens e 29% para mulheres (Almeida Filho et al., 1992)", relata a tese.

Os principais diagnósticos encontrados foram transtornos depressivos (16,4%), transtornos do sono (12,9%) e transtornos de ansiedade (9,4%).

15

Perceberam, então, que haviam se enganado: não era a estrela que iluminava a cena. Era o bebezinho que iluminava a estrela. E olhando bem para ela puderam ver, refletido como num espelho, o rosto da criancinha. Aí entenderam, deixaram de ser reis e se transformaram em sábios: "O universo é um berço onde uma criança dorme!" Notaram que uma coisa estranha acontecia quando olhavam para o bebezinho: eles perdiam sua compostura real e eram dominados por uma vontade incontrolável de rir. Quando riam, ficavam leves e flutuavam. Era assim: quem visse o menino se transformava em anjo [...] Os reis, em meio aos risos e voos, entreolharam-se e disseram: "Nossa busca chegou ao fim. Encontramos a alegria. Para se ter alegria é preciso voltar a ser criança [...]" Tomaram suas coroas, capas de veludo, dinheiro, ouro, joias — pesadas coisas de adulto — e as depuseram no chão, ao lado das vacas e dos burros [...] partiram leves, ora andando, ora pulando, ora voando, mas sempre rindo.[1]

GABRIEL BATE A TESTA NO VIDRO DA estante de livros e chora. A mãe o pega no colo e o consola enquanto todos dão risada. Gabriel se meteu em outra enrascada.

Gabriel é um bebê de 1 ano que engatinha por todo lugar da sala de minha casa nas noites em que nos reunimos em "célula". O nome "célula" é uma herança da igreja que todos frequentávamos e da qual decidimos sair depois de todas as confusões que se abateram sobre

[1] Rubem ALVES, *Os três reis.*

aquela comunidade. O grupo ficou pequeno, em geral meia dúzia de amigos, mas nunca foi muito maior que isso. Houve tempos em que somava quinze pessoas, quando a igreja florescia e as células refletiam esse frescor pulsante de vida. Depois dos problemas de divisão, as pessoas foram se afastando, cheias de dúvidas. Procuraram outras igrejas, ou nenhuma, tomaram seus rumos. Ficou este pequeno círculo de amigos cujos laços construídos durante a caminhada conjunta na congregação foi forte o suficiente para superar as diferenças e perseverar no intuito comum que tínhamos ali: orar uns pelos outros, por nossas famílias e amigos, por nossos problemas e dificuldades, e estudar a Bíblia, de uma forma despretensiosa.

Gabriel nasceu quando a igreja já estava se desintegrando, mas, de algum jeito misterioso e angelical, ele traz um sopro de vida ao nosso grupo e sinaliza um novo tempo. Ele não ficava quieto enquanto conversamos, subindo no sofá com a ajuda de um ou outro braço amigo, procurando brinquedos disponíveis, o controle remoto da televisão ou abraçando o pufe e fazendo-lhe carinho, como quem acaricia um ursinho. Rechonchudo e senhor de um sorriso iluminado, Gabriel leva alegria ao encontro e faz até os mais sérios ficarem com um olhar embevecido.

Esse ajuntamento de amigos que professam a mesma fé nunca precisou de pastores institucionais para sobreviver. O "líder" costumava ser uma pessoa escolhida pela diretoria da igreja pela boa conduta pessoal e por um histórico de amor ao evangelho. Algumas células eram comandadas por aspirantes a pastor que trabalhavam na igreja, mas poucos eram os grupos liderados por pessoas com o título ou o cargo de pastor. Era gente comum, profissionais de todas as áreas, que se dispunham a estudar a Bíblia mais profundamente e a ser treinados ocasionalmente para o pastoreio informal dos membros da congregação.

Há mais de quatro anos, nossa casa virou ponto de encontro para essas reuniões semanais. E, mesmo depois do afastamento de muitos conhecidos, decidimos mantê-las, porque entendemos que aquele era o real sentido de igreja: o encontro de pessoas que um dia olharam para aquele "bebê", como diz Rubem Alves, e pularam de alegria. De "maltrapilhos", na figura evocada por Brennan Manning, que se alegram em estar juntos e desejam conhecer o coração do Pai por meio das palavras e exemplos deixados pelo Filho.

Embora muitas vezes nos percamos em dúvidas teológicas sobre aspectos mais difíceis das passagens que estudamos, o que nos alimenta é o convívio em si, o interesse mútuo e o cuidado que temos uns pelos outros. O que nos supre não é tanto o adicional de conhecimento acadêmico que obtemos nessas aulas bíblicas, mas poder falar e ouvir o amigo relatar suas preocupações, desabafar as aflições que estejamos experimentando no trabalho ou na família e, no final, orar para que Deus possa nos ajudar em nossas fragilidades e na falta de uma percepção acurada sobre a vida.

Analisar esses encontros em casa me levou a refletir, após tantas decepções que encontrei na trajetória desta reportagem, se não seria possível levar uma vida cristã equilibrada sem necessariamente ter um pastor a quem me submeter. Não seria mais seguro, para evitar futuros problemas como os que vivemos, manter apenas nosso grupo de oração e estudo sem estar formalmente ligado a uma igreja, sujeitando-me a uma autoridade pastoral específica e única?

Embora a maioria concordasse que o convívio fraternal defina a essência da caminhada cristã, eles me mostraram que, biblicamente, essa jornada também está inserida num contexto de submissão a autoridades pastorais — assim mesmo, no plural.

Resolvi fazer essa pergunta para algumas das fontes que me ajudaram com este livro. Embora a maioria concordasse que o convívio fraternal defina a essência da caminhada cristã, eles me mostraram que, biblicamente, essa jornada também está inserida num contexto de submissão a autoridades pastorais — assim mesmo, no plural.

Ed René Kivitz explicou que a figura de um pastor único como detentor de autoridade sobre pessoas não tem respaldo do Novo Testamento. "A única vez em que a palavra 'pastor' é usada no singular é para se referir a Jesus. Em todas as demais, é usada no plural, para indicar um grupo de anciãos (presbíteros) que zela pelo bem-estar de toda a comunidade. Nesse caso, a autoridade de um pastor não é dele, mas do grupo de presbíteros que ele integra e a quem está também sujeito", esclareceu.

A peregrinação cristã é comunitária, e a comunidade é imprescindível ao discipulado cristão.

Para Kivitz, a caminhada cristã pressupõe a convivência comunitária e a submissão de indivíduos "uns aos outros", uma expressão que, segundo ele, aparece 27 vezes nas páginas do Novo Testamento. "A peregrinação cristã é comunitária, e a comunidade é imprescindível ao discipulado cristão", afirmou.

Sérgio Franco concorda com essa visão ao ressaltar que no Novo Testamento o pastoreio é um dom e uma função, não tanto um cargo. "O Novo Testamento enfatiza o pastoreio mútuo, de todos sobre todos. E nunca fala de pastor ou presbítero no singular, mas sempre no plural", observa.

Paulo Romeiro destacou passagens bíblicas que informam que o pastoreio é um dom espiritual (cf. Ef 4:11) exercido para aprimoramento da igreja. Nesse sentido, ele também lembrou Hebreus 13:17, que ordena explicitamente: "Obedecei aos vossos guias e sede submissos para com eles; pois velam por vossa alma, como quem deve prestar contas, para que façam isto com alegria e não gemendo; porque isto não aproveita a vós outros".

Romeiro observou, contudo, que a obediência não pode ser cega e que todo ensino deve ser confrontado com as verdades bíblicas, para evitar desvios de rota. Citou o exemplo dos judeus da cidade de Bereia, para quem o apóstolo Paulo pregou (cf. At 17). No versículo 11, o texto mostra que aquelas pessoas "receberam a palavra com toda a avidez, examinando as Escrituras todos os dias para ver se as coisas eram, de fato, assim". Romeiro pergunta: "Se um homem da estatura do apóstolo Paulo não esteve acima de questionamentos, quem estará?".

No entanto, de nada vale estar inserido em um contexto eclesiástico formal sem estar conectado a amizades significativas. Para o psicólogo Ageu Lisboa, os feridos por abuso espiritual precisam redescobrir relacionamentos em que haja cuidado amoroso e acolhimento. Experimentar, como em nosso pequeno grupo de sobreviventes, o conforto daqueles que se dispõem a carregar os fardos "uns dos outros", que sejam hospitaleiros, que ofereçam companhia não religiosa, mas humana, mediada pelo Espírito Santo. "Chamar para o café, para ir ao parque, para ser companheiro. Jesus não nos chama a templos; ele entra e habita em nós, que somos feitos seu templo", afirma Lisboa.

A obediência não pode ser cega e que todo ensino deve ser confrontado com as verdades bíblicas, para evitar desvios de rota.

Para o psicólogo, ter passado pela dor do abuso religioso pode servir para libertar o indivíduo de uma ilusão e de uma religiosidade infantil e até mesmo neurótica. "Precisamos descobrir relacionamentos terapêuticos que nos meus sofrimentos e transtornos me digam: 'Conte com o meu silêncio, conte com a minha amizade, conte com as minhas orações'. É isso que cura as pessoas."

Uma vivência comunitária sadia envolve essa deliciosa cumplicidade. Mas implica também sujeição, pois todos erramos muitas vezes e precisamos que nos relembrem por onde recomeçar. O princípio da sujeição é ressaltado por Ricardo Agreste, mas nem todos apreciam muito esse conceito. Afinal, a independência, dizem alguns, está na raiz do pecado original.

"Um dos princípios mais importantes na vida cristã é o da sujeição. A própria história da redenção só se dá porque o Filho se sujeita à vontade do Pai. A sujeição é exercitada na família, no trabalho, e também no contexto da comunidade cristã. No modelo pastoral, a Bíblia não me deixa margem de dúvida de que eu devo me submeter aos meus guias, aos meus orientadores", avalia Ricardo.

Segundo sua análise, uma confusão cósmica teve origem justamente porque um anjo não foi capaz de se submeter. E nossos ancestrais seguiram-lhe o exemplo. "É Jesus quem nos resgata dessa insubmissão, ensinando-nos a dizer: seja feita a tua vontade, e não a minha."

> Se Paulo não esteve acima de questionamentos, quem estará?

O fato de haver tantos líderes doentes que não merecem ser seguidos nem obedecidos não muda o princípio. É como afirma Tolstoi: "Se conheço o caminho de casa e ando por ele embriagado, o caminho não deixa de ser certo simplesmente porque ando por ele cambaleante".[2]

* * *

Observar nossa "célula" muitas vezes também me remete a minha antiga igreja, e me vem uma saudade enorme de um tempo em que não havia escândalos nem divisões. Lembro-me dos cultos cheios de um calor afável e de mensagens motivadoras e me pergunto: por que tudo isso teve de acontecer? Por que tantas pessoas que se amavam e gostavam de andar juntas de uma hora para outra se distanciaram? Onde estarão? Será que estão bem? Será que se desviaram da fé? Conheço parcialmente as respostas. Mas a saudade também pode ser um sentimento bastante idealizador.

[2] Philip Yancey, *Alma sobrevivente*, São Paulo: Mundo Cristão, 2004, p. 137.

Remexo as gavetas de meu quarto e encontro velhas fotografias, de almoços dominicais que costumávamos fazer, após os cultos. Vejo ali o rosto de amigos de quem não tive mais notícias. Percebo que muitas outras pessoas já passaram por aqui, mais do que eu havia imaginado. Algumas, de quem um dia conheci a intimidade, sumiram no mundo. Comungaram nesta sala de estar. Transformaram minha casa numa pequena igreja. Uma igreja que durante muitos anos teve um único e suficiente Pastor.

Agradeço a Deus porque não deixamos, apesar dos obstáculos, esta igrejinha acabar. Ela permanece viva no coração de todos nós que amamos o Mestre e que dele dependemos como de oxigênio. Ela está viva como nunca nos olhos eletrizantes do anjo Gabriel.

Compartilhe suas impressões de leitura escrevendo para:
opiniao-do-leitor@mundocristao.com.br
Acesse nosso *site*: www.mundocristao.com.br

Diagramação:	Triall Composição Editorial Ltda
Fonte:	Minion
Gráfica:	Meta Brasil
Papel:	Pólen Soft 80/gm^2 (miolo)
	Cartão 250/gm^2 (capa)